国家出版基金项目
江苏省"十四五"重点图书出版规划项目
侵华日军南京大屠杀遇难同胞纪念馆资助项目

张桐
[波]达昕 著

国际和平城市丛书

主编 刘 成
副主编 凌 曦 时鹏程

学术顾问

卡齐米日·乌齐斯基

图书在版编目(CIP)数据

波兰·华沙 / 张桐,(波)达昕著. — 南京:南京师范大学出版社,2022.8
(国际和平城市丛书 / 刘成主编)
ISBN 978-7-5651-5406-5

Ⅰ.①波… Ⅱ.①张…②达… Ⅲ.①华沙—概况 Ⅳ.①K951.35

中国版本图书馆CIP数据核字(2022)第133419号

丛 书 名	国际和平城市丛书
丛书主编	刘 成
丛书副主编	凌 曦 时鹏程
书 名	波 兰·华 沙
学术顾问	[波]卡齐米日·乌齐斯基(Kazimierz Wóycicki)
著 者	张 桐 [波]达 昕(Marcin Tomasz Damek)
策划编辑	徐 蕾 郑海燕
责任编辑	刘双双
书籍设计	瀚清堂
出版发行	南京师范大学出版社
地 址	江苏省南京市玄武区后宰门西村9号(邮编:210016)
电 话	(025)83598712(编辑部)83598919(总编办)83598412(营销部)
网 址	http://press.njnu.edu.cn
电子信箱	nspzbb@njnu.edu.cn
照 排	南京私书坊文化传播有限公司
印 刷	上海雅昌艺术印刷有限公司
开 本	889毫米×1194毫米 1/32
印 张	6.75
版 次	2022年8月第1版 2022年8月第1次印刷
书 号	ISBN 978-7-5651-5406-5
定 价	50.00元
出 版 人	张志刚

* 南京师大版图书若有印装问题请与销售商调换
* 版权所有 侵犯必究

总 序

《国际和平城市丛书》第1辑包括五座城市,它们有个共同点:在历史上都历经了沉重的战争创伤,形成了几代人的集体记忆。我们必须将这样的历史铭记于心。只有深刻记住曾经的苦难并以此为镜,才能避免历史悲剧的重演。我们对创伤的记忆与认知非常重要,记忆方式会影响记忆内容的真实性和持久性。历史证明,创建和平是对苦难历史最好的记忆和修复。当一座城市的创伤记忆升华为人类共同的记忆,我们对过去灾难的认知就可以超越陈规定型的政治记忆。唯此,痛苦的历史才能与未来的和平相连,才能促成昔日敌对双方的和解,从而为创建人类命运共同体增添希望。历史表明,和解不仅意味着双方交换对历史的看法和经验,也呈现了双方共同创造面向未来的新观念和分享新经验的过程。从这个角度看,和解是一种满足彼此需求的思想和力量。创建和平,基于战争遗产打造和平城市,可以弘扬这种思想和力量。这是我们编写这套丛书的初衷与缘由。

丛书遴选的五座城市都在积极创造与构建和平文化。南京是中国第一座国际和平城市,创建了聚焦积极和平的国际和平论坛;德累斯顿对德国战争经历的反思加强了国内与国际和解;广岛带动了日本民间的反核和平运动;华沙致力于促进和解对话,形成了波兰内外共同的历史记忆;考文垂是英国和解城市的标杆。与此同时,战争记忆研究正在发生三个维度的变化:从英雄记忆转向创伤记忆;从战胜国记忆转向创伤国记忆;从国家的历史记忆转向多国共享的历史记忆。我们相信,随着越来越多的城市迈向和平城市之路,进而形成全球和平城市网络,和平的记忆终将超越战争的记忆。

这五座和平之城的建设过程各有特色,每座城市的实践都证明了一个真理:和平是通向和平的唯一道路。和平城市有着共同的宗旨,都在推广联合国教科文组织倡导的和平文化:致力于通过预防、调解和冲突转化来建设和平,提供关于非暴力、宽容、接纳、尊重与可持续发展的和平教育,促进不同文化之间的对话与和解。建设和平之城,需要世界各国与地区的政府、学校、社会团体、非政府组织和公民的共同努力。成为和平之城,需要融合历史、记忆和传承中的和平元素。想要实现这一目标,我们可以通过多种途径:预防冲突,维护和平,建设和平,和平研究,和平教育,以及所有能够促进城市进步与繁荣、世界和平与发展的和平活动。

和平学是这套丛书的学科基础。南京大学拥有中国唯一的联合国教科文组织和平学教席,是国内外公认的中国和平学的中心。中国和平学的发展得到了全球众多机构和个人的鼎力相助,没有他们的支持,和平学不可能在中国发展起来,也就不可能有这套丛书的问世。这套丛书的编写历时十年,一路走来历经曲折,困难重重。所有作者、译者和编辑都付出了最大努力,克服了种种障碍,呕心沥血地打造出这套集真实性、学术性、创新性和可读性于一体的作品,以飨读者。

这套丛书是理解文化创伤和历史记忆影响的一次有益尝试。对其中的不足与疏漏之处,我们诚挚欢迎读者们给予批评和指正。

刘　成
南京大学历史学院教授
联合国教科文组织和平学教席主持人
2022 年 8 月

目 录 　　Contents

001
总序

008
第一章 华沙历史：埋下和平之种

　　一　不喜战争的民族　　012

　　二　没有国家的首都　　026

　　三　暗夜前的黄昏　　037

　　四　暗夜里的抗争　　046

062
第二章 华沙记忆：培育和平之树

　　一　历史、记忆与和平　　066

　　二　重建中的记忆建构　　074

　　三　变迁中的记忆波动　　093

　　四　历史记忆的持续生长　　119

　　五　历史记忆的未来延展　　132

150

第三章 华沙和解：结出和平之果

一 "为和平而战"   154

二 "宽恕并请求宽恕"   168

三 "超越语言的姿态"   176

四 "拥抱彼此—拥抱和平"   184

五 "夏日凉亭—夏日和平"   197

204
主要参考文献

206
后记

图0-1 华沙城景(弗朗斯·哈根堡作于16世纪,其中包含了美人鱼和白鹰等重要的华沙象征物)

"华沙"(Warsaw,波兰语Warszawa)这座城市的名字源于一个古老的传说:很久很久以前,有一条美人鱼游至维斯瓦河的岸边,被一名商人捕获。幸运的是,美人鱼最后被一对渔民夫妇华尔(Wars)和沙娃(Sawa)救了下来。美人鱼在被放生时发誓,它一定要守护渔民夫妇的家园。后来,美人鱼就成为这座城市的象征[图0-1]。古老传说似乎预示了华沙几千年的命运:历经磨难,终究迎来和平。华沙在历史上饱受战争折磨,尤其在二战期间惨遭重创;战后,华沙各界人士携手共进,在努力重建城市空间的同时尝试修复城市记忆,在认真回溯城市历史的同时勇敢谋划城市未来。有时,他们悲情诉说着痛与仇恨;有时,他们放声歌颂着血与英雄;更重要的是,他们积极呼吁着善与宽容,因为他们真诚企盼着爱与和平……渐渐地,波兰与德国展开对话、达成谅解、走向和解,最终成为国际和解与和平建构的典范。

第一章

华沙历史：埋下和平之种

如果把和平建构的过程比作树木从一粒种子到最终开花结果的生长与培育过程,那么历史就像这棵树的种子,无论是历史中的战乱及其伤痛,还是历史中的成就及其温情,它们都不可或缺地构成了和平之种的核心基因。因此,要理解波兰华沙在战后的和平进程,就必须回到华沙的历史之中,尤其是透过和平之镜重新审视这座城市的历史,从而去探求什么样的历史经历为华沙追求和平提供了驱动力,什么样的历史元素让华沙历经沧海桑田结出了和平之果,而非邪恶之果。

一

不喜战争的民族

很久以前,波兰就有人类活动的痕迹,他们以农业为生,以自己所生存和生活的"田野"(Pole)来给此地命名,这就是"波兰"(Poland)名称的来源。一段时期里,波兰周边的区域与外面的世界互通往来,时而也产生冲突,这却在无形中保护着波兰人。"田野"上的人们过着宁静的田园生活,他们不喜战争。

谈及波兰历史,通常以966年作为波兰的元年。这一年,梅什科一世带领波兰公国皈依了基督教。这一策略让波兰在宗教上与西欧关系密切,却又保持了自己的独立性,继而为波兰早期的安宁赢得了适宜的环境。同样重要的是,这一开端也预示了宗教与政治这两者在波兰的纵横交错,它们时而分庭抗礼,时而携手共进,最终共同塑造了二战后波兰的和平进程。

然而,不喜战争的民族却没能避免战争。首先是长达两个多世纪的封建割据之乱,波兰在13世纪遭遇蒙古人进犯,尤其是在1241年的战役中损失惨重,但在1288年的克拉科夫保卫战中,波兰人给蒙古人以沉重打击。14世纪初,波兰邀请条顿骑士团作为外援,却引狼入室,失去了波美拉尼亚地区。1320年,瓦迪斯瓦夫一世在克拉科夫加冕为波兰国王,统一了波兰的大部分地区。1385年,波兰王国和立陶宛大公国联合,共同抵抗条顿骑士团的入侵,瓦迪斯瓦夫二世加冕为波兰国王。很快,战局在1410年迎来了重大转折。以步兵为主的波兰—立陶宛军队和以重骑兵著称的骑士团在格伦瓦德附近展开决战,波兰王国和立陶宛大公国联手取得胜利,这就是著名的格伦瓦德战役。条顿骑士团从此一蹶不振,而波兰则走上了收复失地的征程。

格伦瓦德战役不仅具有重大的军事影响,更对波兰历史有着极强的象征意义。当时,条顿骑士团计划诱敌深入,但波兰—立陶宛军队避不出战,骑士团团长忍无可忍,派使者给联军送上了两把没有剑鞘的宝剑,这一充满挑衅的举动却成了骑士团没落的注脚,也成了波兰和立陶宛辉煌历史的象征,我们在波兰日后的历史记忆中经常能看到它的身影。

1569年,波兰国王兼立陶宛大公齐格蒙特二世在卢布林签署了著名的《卢布林联合条约》,"波兰立陶宛联邦"正式成立,它拥有近百万平方公里的土地,仅次于俄罗斯帝国和奥斯曼帝国。尽管在法律、政治意义上,波兰和立陶宛双方平等,但波兰的强大使其成为联盟的真正主导者,而联邦成立带来的人口、土地、经济和军事等多方面的增长又反过来让波兰更加强大。

1572年,齐格蒙特二世去世,不仅结束了雅盖隆王朝的统治,更迎来了贵族共和制的新篇章,而本书的主角华沙也在这一时期进入人们的视线。波兰立陶宛联邦的成立意味着整个波兰的政治版图要向东北部转移,而坐落在西南角的克拉科夫显然不再适合承担首都的重任,让联邦的贵族们远赴边陲之城克拉科夫商谈国事[图1-1]也十分欠妥,于是华沙自然成为新首都的最佳选择。

图 1-1 16 世纪齐格蒙特二世统治期间的贵族议会场景

1573年,4万名贵族从联邦各地赶赴华沙附近的卡敏村参加选举,这就是作为贵族共和标志之一的自由选王制。波兰立陶宛的全体贵族都可以参加投票;国王去世后其子嗣无权继承,然后举行新的选举;国王需要定期召开议会,征税、征兵、开战等重大决策必须经由议会批准,甚至国王的婚姻都受此限制;国王的法令必须经由辅政大臣签章方才生效;国王如果违背法令,贵族可以不再效忠……这样的贵族民主制不仅限制了国王的权力,保障了贵族的权利,而且将民主的范围扩大至全体贵族,其民主的范围在当时的整个欧洲都首屈一指。贵族们努力维护国家和平,反对战争,争取为社会发展赢得安宁的环境。尽管从利益分析的视角看,这种倾向是为了保障贵族的利益,但他们的身上也体现了某种"不喜战争"的和平元素。

宗教宽容也为后世和平埋下了种子。同一时期,在华沙召开的议会中签署了著名的《华沙联盟公约》[图1-2],其中最值得称道的就是赋予宗教信仰自由的宽容法令,"尽管我们在宗教上意见不一,但我们保证和平相处",信仰的差别不应成为侵害肉体、侵犯资产、见死不救或囚禁流放的理由。这是欧洲历史上的第一部宗教宽容法,在那个因为信仰不同而冲突不断的时代,这样的法令显得格外珍贵。在波兰立陶宛联邦广袤的土地上,生活着信仰各种宗教的人,他们希望彼此能够放下宗教信仰差异而和平共处。此后的一段时期,波兰立陶宛联邦也许是欧洲唯一没有发生过大规模宗教冲突的地方。这种超越信仰差异而相互宽容的力量在战后的和解中发挥了举足轻重的作用。公约的相关内容在2003年被列入联合国教科文组织的世界记忆名录——为信仰差异的人们"引入了和平共处的原则"。

这就是所谓的波兰"共和国",史称"波兰第一共和国"。

图1-2 《华沙联盟公约》文本及其签署者

也正是在这个被称为波兰"黄金时代"的16世纪,我们看到了波兰文化教育事业的兴盛,尤其是家喻户晓的哥白尼及其日心说。它不仅是对传统学说和教会权威的反抗,更预示了科学与理性的光芒。

在波兰—立陶宛时期,华沙日渐成为联邦重要的城市之一。1596年,齐格蒙特三世将首都从克拉科夫迁往华沙,尽管这一首都地位并没有得到官方宣告,也可能是暂时性的,但齐格蒙特国王就住在华沙的皇家城堡里[图1-3],那里也是贵族议会的议事场所。或者更准确地说,此时的华沙成了事实上的波兰首都。此后,华沙逐渐成为联邦的政治中心。

为何要迁都华沙?前文指出,华沙在地理位置上更靠近立陶宛,或者说更处于联邦的中心地带,国王和贵族们显然更易在此治理国家;对同时身为瑞典皇室的齐格蒙特三世而言,无论是争夺瑞典王位还是统治瑞典,华沙在地理位置上都更便于他协调瑞典以及俄国的事务;瓦维尔城堡的频频失火可能是迁都的直接原因。加之人口众多且贸易频繁,华沙之于联邦的重要性由此可见,就像波兰之于整个欧洲的重要性一样。

作为联邦首都,身处枢纽位置,华沙遭受的战乱折磨也就

图1-3 俄国沙皇拜见波兰立陶宛联邦国王(此景就发生于华沙的皇家城堡内,反映了当时联邦的统治地位)

可想而知了。在齐格蒙特三世统治的 45 年里,波兰经受战争洗礼的次数可能超过了历史上的所有记录。不过,我们也应记得,齐格蒙特三世曾按照巴洛克风格重修和扩建了王宫,从欧洲各地聘请艺术家并购置大量艺术品,以皇家城堡为代表的华沙也迅速成为全国的艺术中心。

联邦与瑞典、普鲁士、俄国、奥地利等邻国发生过数次冲突,而华沙见证了历次的战火与毁灭,尤其是 1655—1660 年的波兰—瑞典战争以及 1700—1721 年的大北方战争。波兰—瑞典战争严重摧毁了波兰的大片土地,夺走了众多生命,而大北方战争更是预示了波兰灭亡的命运。

正如和平学所坚持的广阔视野,在哀叹战乱的同时,我们不能忽视这座城市的其他迹象。尤其在波兰最后一任国王斯坦尼斯拉夫执政时期[图 1-4],斯坦尼斯拉夫因重建华沙及其相关的文化政策而受到赞誉:他扩大了华沙的城市规模,使其成为波兰启蒙运动的中心;他拿出大量资金支持文学家、艺术家和学者的活动,甚至定期邀请他们到王宫讨论;他支持建立的现代学校,是后来华沙大学的雏形;他还打造和重修了许多古典主义风格的建筑,成了当时的风尚。[图 1-5]

图1-4 波兰国王选举场景（图中所示为1764年选举斯坦尼斯拉夫为国王的场景，国王选举等重要议程凸显了华沙的国家地位）

图1-5 18世纪的华沙城市风貌(由斯坦尼斯拉夫国王的画师伯纳多·贝斯特托所画)

尽管斯坦尼斯拉夫在改革派贵族的帮助下，试图使国家走上现代化的道路，却敌不过俄国、普鲁士、奥地利的横加干涉。1772年，它们以恢复波兰国内秩序为名，占领了波兰的部分领土，史称"第一次瓜分波兰"，波兰丧失了三分之一的人口和领土。随着法国大革命的到来，华沙成为大国民议会长达四年的辩论之地。革新派主张更广泛的市民权利、保护工商业等，而保守派则拒绝任何形式的变革要求。四年议会的最终产物是1791年5月3日通过的宪法，这部宪法反映了波兰人民不畏外敌、保卫祖国的强烈愿望，为国家独立奠定了制度性的基础，得到了波兰人的热烈欢迎。正如恩格斯的评价，这部宪法"在维斯瓦河两岸竖起了法国革命的旗帜"，如果没有外来势力的干涉，"波兰就会成为莱茵河东岸最先进最强大的国家"。华沙在这一历史事件中再次发挥了非凡的作用，从图1-6的背景中就依稀可见华沙的皇家城堡，华沙之于波兰启蒙运动和波兰人追求独立与和平具有重要意义。

然而，这些改革尝试很快就遭到了外国势力的干涉。1792年，俄罗斯帝国迅速集结力量向新的君主立宪制宣战，战争持续了一年，首都华沙迅速沦陷。1793年，俄国与普鲁士联合夺走波兰领土，史称"第二次瓜分波兰"，波兰丧失了近三分之二的领土，波兰政府沦为傀儡政府。1794年，在塔德乌什·科希丘什科的指挥下，波兰贵族与农民结盟，发起了以拯救国家为目的的起义，这场冲突（也被称为"第一次全国性起义"）最终被强大的俄罗斯帝国军队镇压，华沙再次遭受重创。1795年，俄罗斯帝国、普鲁士和奥地利占领波兰全境，史称"第三次瓜分波兰"。自此，波兰从欧洲地图上消失了长达123年。

图1-6　1791年5月3日通过宪法的场景（由19世纪象征主义画家扬·马提科所绘）

二

没有国家的首都

国家沦亡给城市和人民带来重创。1795年以后，华沙及其附近地区成为普鲁士王国的一部分，其地位从昔日发达而显赫的首都变成了普鲁士的边陲，人口从10万减少了近一半。1804年，拿破仑登上王位。在击退奥地利、普鲁士和俄国军队后，根据1807年的《提尔西特和约》，一个新的华沙公国诞生了，但它是法兰西帝国的一个受保护国。不过，华沙公国容纳了华沙、克拉科夫、波兹南等昔日波兰的核心地带，也在深处悄悄孕育着波兰人的独立意识。1814—1815年召开的维也纳会议上，波兰问题成为多方争辩的关键所在，但其论辩的核心却不是恢复波兰的独立，而是重新瓜分波兰。最终，"波兰"的名号得以恢复，波兰王国成立，首都仍然是华沙，人口10余万。波兰王国诞生后，亚历山大一世来到华沙，签署了波兰王国宪法，冠冕堂皇地"保障"公民的权利与自由。尽管在理论上，波兰王国是俄罗斯帝国的一个自治区，俄国沙皇同时也是波兰国王，但实际上，该区域的自治从一开始就受到了压制，就连宪法本身也赋予国王很大的权力。在这个意义上，我们也许可以将本节称为"没有国家的首都"，因为名义上的波兰王国并不具有独立性，而作为首都的华沙却持续发挥着影响所有波兰人的功能。

图1-7 十一月起义

俄国沙皇的统治激起了波兰人的反抗。1916年建立的华沙大学成为早期活动的秘密中心,比如颇有影响力的"自由波兰人协会",还有在华沙建立的"国民共济会"也成为当时最大的革命团体。第一次大规模的军事行动是十一月起义(1830—1831)。十一月起义从华沙开始。1830年11月29日至30日,发动秘密行动的军队与华沙市民携手攻下了城市的军火库[图1-7],并很快成立了国民政府,力图推翻沙皇统治。一场血雨腥风随即而至:一边是俄国军队和沙皇的拥护者,另一边是起义的波兰军队。在冲突的最后日子里,作为首都的华沙再次成为主战场,最终沦陷。起义失败后,沙皇废除了波兰王国宪法,对波兰人民实行严酷的统治,大批起义者流亡海外。

十一月起义以失败告终,但它开启了一波又一波的反抗运动,如1846年的克拉科夫起义、1848年的波兹南起义、加里西亚起义等,并在一月起义中达到高潮。一月起义[图1-8]是波兰历史上最大规模的起义。与十一月起义不同,一月起义主要采用的是游击战。起义者把他们的力量划分成多支小分队,分散在全国各地,抵抗前来镇压起义的俄国军队。华沙原本可以成为临时国民政府的中心,但起义力量未能成功收复这座城市。最后,驻守着大量俄军的华沙城堡成了处决起义者的地方。参加起义的最后一位军官罗穆阿尔德·特劳格特在华沙城堡被绞死,这标志着一月起义的落幕。

图1-8 一月起义

起义结束后,波兰及其首都华沙在社会与政治等诸多方面都发生了变化。

19世纪下半叶,波兰原来的贵族阶层逐渐转变为一个新的社会阶层——知识分子,并在波兰独立运动乃至战后的和解中持续发挥着影响。起义后期,在波兰逐渐形成了两个重要的社会科学学派:克拉科夫学派和华沙学派,他们对波兰历史产生了重要影响。与强调精英主义的克拉科夫学派不同,华沙学派强调人民的力量,继而推动了波兰的民族抵抗运动。

快速的工业化进程还催生了新的工人阶级,他们主要集中在华沙、罗兹等地。在阶级压迫之下,在国际工人运动的影响下,华沙等地的工人率先举行罢工,拉开了工人运动的序幕。

华沙还见证了犹太人社区的壮大。17世纪初,第一批犹太人定居点在华沙出现。经过几十年的发展,犹太人已成为城市中不容忽视的成员。有时,犹太人也能积极参与到非犹太人生活的世界中,甚至进入社会中上层。在民族解放运动高潮时,他们曾和非犹太人联合起来为命运而抗争。不过总的来说,他们的生活仍受到很多限制。起义失败后,许多犹太人踏上了迁徙之路。日后,这个民族和波兰的命运更复杂地交织在一起。

图1-9 19世纪的华沙犹太教堂

没有国家的状态也是这一时期波兰文艺的现实背景。文艺创作以各种形式同抵抗占领和民族独立相联系，其中最典型的是1797年尤泽夫·维比茨基创作的《军团之歌》。歌词开头写道："波兰永不灭亡，只要我们一息尚存。"《军团之歌》迅速在波兰士兵中间传唱，尤其在十一月起义和一月起义期间广为流传，最终成为波兰国歌。1800年，由启蒙运动著名思想家创办的"华沙科学之友协会"在华沙成立。1817年，华沙大学成立。它们都为波兰的文化教育事业发挥了重要作用。

这一时期，浪漫主义也在对古典主义的批判声中来到了波兰。华沙大学的教授卡齐米日·布罗金斯基指出，浪漫主义追求的不是审美情趣，而是高尚的情感，是一种田园般的没有冲突的宁静世界。对和平的向往也是那个时代许多波兰人内心的反映。后来以亚当·密茨凯维奇等人为代表的波兰浪漫主义，通过充满爱国热情的写作鼓舞着波兰人为民族解放而斗争。正如鲁迅所言，密茨凯维奇是那个异族统治时代下波兰人的代表，他们宣扬复仇，他们希望解放。但除此之外，我们还看到了小说家伊格纳齐·克拉谢夫斯在《古老的传说》中塑造的两个民族从斗争走向和解的故事，以及戏剧家亚历山大·弗列德罗在《复仇》中要求敌对双方放下矛盾、走向和解的喜剧，剧中人说道："只有双方都做出让步，才能消除过去的隔阂与障碍。邻里之间要和睦相处。"同样的话用于二战后的波兰也十分贴切。

除了战火与硝烟,让我们带着发现美的眼睛,再来欣赏一下华沙的城市风貌及其变迁。华沙的建筑师们不断尝试新的风格,创造出许多新的建筑。19世纪30年代,波兰国家大剧院在华沙落成,此后它因为上演的剧目以及在培育波兰文化中发挥的重要作用而闻名于世[图1-10]。在这里,毕业于华沙音乐学院的音乐奇才德里克·肖邦曾动情演奏过《F小调协奏曲》。十一月起义失败后,肖邦还创作了《C小调练习曲》,这部曲子还有另一个名字:《华沙陷落》。救世主广场上也出现了一批新建筑,构成了与老城不同的一个新区域[图1-11]。而在乌亚兹多夫地区和老城之间的维斯拉河岸边,有一个被称为"波维斯"的沿海地带,18世纪这里成为华沙的一个重要工业区。其后,铁路系统、电力系统、污水系统等现代设施相继出现。到19世纪,华沙已成为俄罗斯帝国中仅次于圣彼得堡和莫斯科的第三大城市[图1-12]。

图1-10 波兰国家大剧院及其广场

图 1-11 华沙老城的集市广场（约 1900 年）

图1-12 克尔贝兹桥(位于华沙斯瓦河上的第一座钢桥)

1914年一战爆发，曾瓜分波兰的德意志帝国同奥匈帝国、俄罗斯帝国交战，这意味着，生活在不同帝国中的波兰人要代表不同利益方出战。波兰人从未忘记复国梦想，三个帝国则以此作为拉拢波兰的筹码，纷纷表示支持波兰独立。战争期间，一些部队完全由波兰人组成，其中一支与奥匈帝国结盟，指挥官是在日后波兰政治中发挥了重要作用的约瑟夫·毕苏斯基。

随着战争的推进，三个帝国日渐瓦解，这为波兰赢得了机会。1918年11月10日，约瑟夫·毕苏斯基从德国监狱回到华沙，几天后，他组建了新的国家政府。自1795年波兰共和国沦亡至此，波兰人终于复国。1918年11月11日，德国政府代表埃尔茨贝格尔同协约国联军总司令福煦，在法国东北部贡比涅森林的雷东德车站签署了停战协定，一战结束。这也是新波兰的开始。

三

暗夜前的黄昏

　　1918年11月重建的国家为波兰第二共和国,首都仍为华沙。然而,第二共和国的领土远不及被瓜分前的范围,因此为领土而战成了第二共和国的主要任务。当波兰政治家还在为新的国家疆界应如何划定而争吵不休时,波兰军队与苏俄红军之间已发生了多次小规模冲突,后来逐渐演变为一场全面战争。1920年5月,波兰军队攻占基辅,但红军很快展开了攻势。8月,红军抵达华沙郊区,准备对波兰军队发动最后一次猛攻,迎来的却是波兰的反击[图1-13]。这场华沙战役迫使红军撤退,成为整场战争的转折点。1921年3月18日,波兰和苏俄签订《里加和约》,确定了两国的边界,战争结束。西部的边界线同样复杂,取得一战胜利的几个协约国在波兰边界问题上讨价还价、各怀鬼胎,再次以重建波兰的名义为自己谋利益,也为二战的爆发埋下了祸根。

　　波兰第二共和国对于日后华沙的战争记忆与和平建构起到了非常重要的作用。一战后的波兰可谓"荒芜遍野",这不仅是在说农民所依赖的土地变得荒芜,也是在说源于田野(Pole)的整个波兰的荒芜。一战及后续冲突夺取了约50万人的生命,整个社会处于瘫痪状态。1919年2月10日,立宪议会第一次会议在华沙举行。1921年3月17日,波兰共和国宪法正式通过,确认了公民多方面的权利和自由。1922年,波兰议会选举出第一任总统加布里埃尔·纳鲁托维奇。但政治派系之间的斗争异常激烈，一些主要的派别包括社会主义者、保守的国家民主主义者、农业运动人士以及不同少数民族的代表。第一任总统受到社会主义者、农业运动人士和少数民族代表的支持，却最终被国家民主主义者刺杀身亡，成为这场政治斗争的牺牲者。

1926年5月，约瑟夫·毕苏斯基及其追随者发动政变，占领了波兰议会和总统官邸。刚刚建立的议会民主制被"萨纳奇运动"（波兰语Sanacja，意为"健全化"）取代。1935年，约瑟夫·毕苏斯基去世之后，这场运动的余波继续影响着波兰，直到二战的来临。

图1-13（A） 1920年华沙战役组图

图1-13（B） 1920年华沙战役组图

波兰所处的地理位置历来对欧洲有着举足轻重的意义，尤其对各个大国之间的关系发挥着重要作用，这在一战期间表现得尤为明显。历次冲突让波兰人越来越意识到了和平的重要性。

在这段时期，华沙也发生了许多变化。城市人口从1897年的60万增加到1935年的100多万，1939年更是达到130万。华沙依旧扮演着一个多文化多民族国家之首都的角色。1939年，波兰约有3500万人口，除了波兰人（其中多数是天主教徒），还有犹太人、德意志人（主要是新教徒）、乌克兰人和白俄罗斯人（主要是东正教徒）和立陶宛人（主要是天主教徒），以及其他少数民族。显然，一边是为了治理的需要而采取不同程度的统一化举措，另一边则是各民族保持自身民族信仰和生活方式的愿望，两者间的冲突给波兰带来多重挑战。波兰的犹太人在一些村庄、乡镇或城市组建了活力四射的社群[图1-14]。1939年以前，在华沙的城市居民中，有三分之一是犹太人。这使得华沙成为世界上第二大犹太人城市社区（第一大在美国纽约）。犹太人向往工业化和城市化的观念，尽管和波兰人的重农思想形成显著差异甚至独立，但事实上助推了波兰尤其是华沙的发展。不过，波兰政界有一些人支持反犹主义，主张将波兰人和犹太人区别开来，甚至予以驱逐。据统计，1921年后的十年里，约40万犹太人离开了波兰。

图1-14 华沙的诺沃利普基街(犹太人聚居地之一)

两次世界大战期间的波兰文化活动值得关注。1919年,华沙大学的几位年轻诗人创办了斯卡曼德尔诗社。他们的诗歌与前一个世纪的浪漫主义风格不同,不谈宏大的爱国主义,力求通过通俗化、形象化的方式反映普通大众的日常生活。

1933年，在华沙等地还成立了城郊文学社，关心无产阶级的悲惨现状，包括那些不起眼的工人、商贩、艺人、乞丐、残疾人等。城郊文学社成员不仅为我们记录了一个时代的鲜活生命，还为我们习以为常的历史叙事方式提供了弥足珍贵的补充，即除了那些军政大事，历史中的小人物和小细节同样值得我们尊敬和品读。正是对这些人的理解，也才有了弗瓦迪斯瓦夫·布洛涅夫斯基这样的革命派诗人，以及他们推动的工人运动和无产阶级斗争。

除此，还有莱奥博尔德·斯塔夫，尽管他也曾在自己的作品中书写过恐怖与悲伤的情绪，但他更多地看到了人民生活中的热情、坚毅与平和等积极的场景。由此，他对生活与世界更加乐观，甚至对罪恶也表现出了宽容——这是在战后和解中最为关键的力量。这正是本书希望传递的理念，战争与伤痛永远只是历史的一面，我们更要努力从中找到善良的基因，从而生发出生活的平和与人类的和平。

华沙的城市风貌也发生了相应变化。恢复独立后不久，华沙市政府开始清理与俄罗斯帝国统治相关的纪念物和场所，更改了许多街道的名称。一些新的纪念碑拔地而起。城市的日常生活也得以改善，其中的许多计划都是由该市的二战前最后一任市长斯特凡·斯塔钦斯基制定的［图1-15］。斯特凡·斯塔钦斯基意识到翻新华沙城市的必要性和紧迫性，以使其成为令人敬重的欧洲大都市。

图1-16展示了华沙市的一处街景。让我们在此停留片刻，通过类似的二战前照片领略华沙的城市风貌，在内心刻印这些图景，用心感受照片里的宁静……因为，它们即将从我们的眼前消失，暗夜，即将来临……

但是，它们一定不会从我们的记忆里消逝。

图1-15 二战前华沙市长斯特凡·斯塔钦斯基

图1-16 二战前(1934年)的华沙街景

四

暗夜里的抗争

1939年9月1日，纳粹德国入侵波兰，华沙随即遭到德国空军的轰炸［图1-17］。一周后，德军装甲部队抵达华沙郊外。起初，许多波兰人都以为战争会很快结束，波兰政府已在战前和英法两国结盟，即使开始大规模战争，也可以共同抵抗纳粹德国：如果德国进攻波兰，德军的西翼就会暴露给强大的法军，在海上还要面对英国的皇家海军。但当波兰真的遭到入侵时，这些盟友却没有采取有效的军事行动。尽管已遭受持续打击，在华沙的波兰军仍坚持抵抗。华沙市长动员全体市民参与防御，华沙的殊死抵抗迫使德军更新了进攻策略，那就是围困华沙并施以狂轰滥炸。据统计，当时华沙约4万平民葬身火海。华沙市长在最后关头的广播讲话中，赞颂这个伟大的殊死抵抗的城市："这是一个坚不可摧的、伟大的、正在战斗的、无上光荣的华沙。"

1939年9月27日，华沙沦陷。其他地方的波兰士兵继续抵抗，直到最后一支波兰军队于10月5日投降。波兰政府流亡在外，先是去了巴黎，后来又去了伦敦。

图1-17 二战中被德军炸毁的皇家城堡

几近毁灭的波兰再次被瓜分,一部分直接被并入纳粹德国,还有一部分被称为"总督辖区",其首都设在克拉科夫。华沙失去了首都地位,但仍然是德占区最大的城市。不久,新政府开始执行与纳粹一致的种族政策。德国人被视为优等种族,而斯拉夫人等被归为低于德国人的种族,他们被剥夺了享受高等教育和娱乐生活的权利,甚至连交通等日常设施的使用权也备受限制。纳粹政治家甚至认为,应该从数量上削减波兰人和其他斯拉夫人,并将其变成侍奉优等种族的廉价劳动力。至于波兰文化,纳粹认为其应当被完全抹杀。带有文化标记的艺术品被洗劫一空,中学和大学被关闭。

即使在此等恐怖政策下,一些秘密组织仍在华沙成立。人们悄悄地开展着针对各个层次的地下教育,人们交流信息、印刷作品,甚至表演戏剧。这是"战争在继续,生活也在继续"的最真实写照,他们不只是为了简单地活下去,更是怀着对未来的期待活下去。

犹太人的遭遇是最残酷的。被德国占领的波兰境内大约有200万犹太人,仅华沙就有40万,数量超过了德国境内的所有犹太人。如何"处理"这个庞大的群体一直是纳粹讨论的问题。最初的核心手段是种族隔离。波兰沦陷后,迅速建成大量的犹太人隔离区,未经特别许可,犹太人不得离开该区域;为了更好地识别身份,他们被迫佩戴特殊的臂章:白色背景的大卫星;食物供给受到严重限制,其他活动也备受限制。1940年10月,纳粹开始在华沙建立犹太区,城里的犹太人都被安置其中,隔离区周围还建起了一堵高墙[图1-18],这不仅是为了集中管理的方便,也是为了在象征意义上将犹太人与城市的其他部分割裂开来。尽管如此,为了生存,隔离区里的人们会通过各种渠道与外界建立联系。外面的波兰人还会冒着生命危险往隔离区里投送面包,类似的举动在大规模战争中实属微小,却为我们理解波兰人与犹太人的关系增添了许多温暖。

华沙即将陷落之时，抵抗运动迅速出现。流亡政府在华沙设立代表处，组织各种形式的抵抗。刚开始，抵抗规模并不大。抵抗组织中的一些成员——很多是青少年——会选择一些显见的城市地点来书写口号和涂鸦，号召大家不要屈服。特别值得注意的是"PW"标志，这是"战斗波兰"(Polska Walcząca)一词的缩写，意即"为波兰而战"。"P"和"W"两个字母还组合成了"锚"的形象。后来，这一标志被抵抗运动中最突出的战斗力量——国家军——采用。国家军的前身成立于1939年，后于1942年改称国家军，其目标是帮助华沙和其他被占领区筹划全国性的抵抗运动，也包括援助犹太人。

犹太人的境遇在1942年急速恶化。纳粹政治家有关如何应对犹太人的争论在此时达到了高潮，因为隔离区的方案效率太低，达不到预期效果。在万湖会议中，全面清洗计划最终获得批准，即消灭德占欧洲的所有犹太人，手段主要包括利用既有集中营以及新建死亡集中营等。生活在华沙犹太区里的人们得到的消息却是，他们将被"重新安置"到新的地方。但华沙犹太区内外的反抗者们早已清楚这些所谓的"重新安置"计划背后的真正意图。对此，一些犹太人在华沙犹太区内成立了准军事组织，为抵抗做最后的准备。当德军于1943年4月19日进入该地区开展最后的清除活动时，遭遇了非常激烈的反抗，这就是华沙犹太区起义的开始。尽管人数不敌德军，但反抗还是持续到了5月16日。众多犹太人在这次冲突中丧生，还有很多犹太人被送往集中营。剩下的，只有弥漫在硝烟中的华沙犹太区的残垣断壁[图1-19]。

图1-18 在建的华沙犹太区

图1-19 被抓的犹太妇女儿童

1943 年对整个二战来说是具有决定性意义的一年。在东线，纳粹德国在斯大林格勒战役和库尔斯克战役中被击败。同年，盟军在西西里登陆。几个月后，他们解放了罗马，将轴心国的力量逼至意大利北部。1944 年 6 月，盟军在诺曼底登陆，不久后解放了巴黎。在所有这些战线上，波兰人都与盟军并肩奋战，共同抗击德国军队。面对苏联和波兰人民军在东部取得的节节胜利，1944 年 7 月，波兰流亡政府支持的国家军开始策划名为"暴风"的行动。国家军指挥官下令在 8 月 1 日发动起义，代号为"W 时刻"，起义迅速得到了华沙民众的大力支持。在冲突的第一阶段，起义军成功守住了华沙的大部分地区［图 1-20］，他们从敌人手中缴获了许多装备。但是，在德军的强大攻势下，力量不充足、准备不充分的起义力量很快被镇压。德军后来占领了沃拉地区，并对当地居民进行了惨无人道的屠杀［图 1-21］。起义军被德国最高司令部视为土匪，绝大多数被就地处决，其中许多人还未成年［图 1-22］。尽管波兰和苏联的军队继续推进，也曾为起义带来了一丝喘息的机会，但由于伤亡惨重，起义获胜的希望极其渺茫，最高指挥部最终决定停止战斗。1944 年 10 月 2 日，国家军最高指挥部向德军投降。

图1-20 初步获胜的华沙起义者取下占领者的旗子

图1-21 · 沃拉大屠杀照片

图1-22 参加华沙起义的年轻士兵

图1-23 起义失败后的华沙难民

华沙起义持续了63天后以失败告终,其间共有约15000名起义者死亡,约15万至20万平民死亡。不久,其余的起义者和平民被强制送往劳改营[图1-23]。城市里一片狼藉,激烈的战斗摧毁了许多人们耳熟能详的华沙建筑,无论是现代化的摩天大楼,还是老城和皇家城堡那样的老建筑,在战争面前都化为废墟[图1-24]。除了冲突造成的破坏,其实,纳粹军从战争一开始就打算有计划地摧毁华沙这座城市,而华沙起义则为毁灭华沙提供了更充分的借口。起义结束后,希特勒下令,对华沙进行更彻底的摧毁,党卫军的特别破坏部队对剩下的建筑实施爆破。

图1-24 华沙起义后破败的老城

图 1-25 华沙废墟前的波兰士兵

1945年1月,苏联红军及波兰军队终于跨过维斯瓦河进驻华沙。然而,当时呈现在士兵眼前的只有一片废墟[图1-25]。华沙曾拥有130万人口,但此时,这里只有约3000人。二战的欧洲战场于1945年5月8日结束,波兰与华沙迎来了新篇章,新篇章与历史紧密相连。

第二章

华沙记忆:培育和平之树

第一章叙述历史，但不只是历史，更是透过和平之笔重现历史，试图从细微的历史细节中寻找能点亮和平之光的元素。如，波兰的地理位置让它成为兵家必争之地，因而战火连绵，但波兰也曾有过一段和平安宁的美好时光，这里有着一个不喜战争的民族；波兰第一共和国的贵族施行的民主制固然有其阶级与历史局限性，但他们身上体现了对和平与稳定的追求；斯坦尼斯拉夫国王对瓜分波兰负有不可推卸的责任，但他对波兰文化也做出了贡献；人们可能会指责波兰政府对局势的误判，但这也反映了波兰对和平的渴望；在纳粹统治的恐怖气息下，我们也感受到了波兰人努力让生活如常的勇气与智慧；波兰人与犹太人之间虽存在差异甚至对立，但战争期间他们的相互扶持更值得被铭记……正是这些闪光点构成了历史发展的和平基因。

历史为和平建构提供了种子，然而，并不是所有的种子都会孕育出和平之果。如果历史中的非和平因素被激活，被放大，甚至被培育，那么它只会结出邪恶之果。相反，为了和平之果，我们需要在历史之上勤恳地培土、浇灌、施肥、修剪，而记忆就扮演了这样的角色。在对历史的挖掘、观察、理解、阐发与辩论中，记忆与叙事试图告诉人们：历史的意义与功能究竟是什么？我们又该如何培育一棵和平之树？

一

历史、记忆与和平

何为历史？在19世纪著名历史学家利奥波德·冯·兰克等人看来，历史旨在表明"发生了什么"，即史学家或历史研究者应摈弃个人的政治、宗教、文化偏见，努力重建客观的过去，为世人还原所谓的真相。但是，兰克范式遭到许多人质疑，他们的关注点并不在于对历史的客观描述，而是其中的主观因素。一些人关心的是，人们如何——单独地或集体地——记忆过去。显然，当我们诉说历史时，都无一例外地从记忆（无论是自己的记忆还是他人的记忆）中搜索资料并进行加工。在历史与现实之间总是隔着"记忆"。

人，是历史的亲历者和见证者。每个人都有自己的记忆，人们倾向于记住某些事，同时又忘记一些事。而随着时间的推移，某些往事逐渐被淡忘，另一些过往又变得刻骨铭心。与此同时，同一段历史可以同时被不同的人记住，如果他们相互交流，分享自己的记忆，就会编织成一幅更加广阔的图景，久而久之，最终形成了整个社会的集体记忆。社会可以有一种集体记忆，这种记忆有其自身框架，这一框架超越了个人的局限，为多数人所共享。

但是，记忆不仅连接着历史与当下，更连接着今天与未来。记忆会传递下去，人们会向其他人和下一代讲述历史故事。如果讲述者强调客观事实，他们会努力重建过去，重建历史本来的面目；如果讲述者关注主观要素，他们可能注重记忆与情感，继而为历史涂上五颜六色。但无论如何，通过这种方式，历史记忆得以存活，并在未来延续。因此，要理解波兰的和平进程以及华沙的角色，就必须探寻波兰和华沙的历史记忆与叙事。

波兰的个人、群体或社会是如何记忆、描述、解释历史的？人们倾向于记住哪些事以及忘记哪些事？是什么因素促成了某种独特的记忆？记忆随着时代变迁与时间流逝又经历了怎样的变化？记忆如何影响人们的思维、情感与行动？就二战而言，波兰的政治家、宗教人士、知识分子、媒体和普通百姓如何面对这段历史？他们记住的是抵抗外敌的英雄形象，还是被敌人摧残的受害者模样？他们记住的德国是何种形象，苏联是哪种模样？这到底是一场怎样的战争？

乍一看，答案似乎很简单：德国入侵波兰，这就是事实。人们可以轻松地指出谁是侵略者，谁是受害者，记忆也就应当以这个框架为基础来建构。但当人们触摸历史细节时，问题就会变得异常复杂。如，到底谁该被谴责？德国？德国人？纳粹德国？希特勒？如果我们将战争视为由统治者发起并由军事指挥官和士兵付诸实践的军事行动，那么我们仅需指责这些人，这也是多数德国人在战后初期采取的叙事方式，他们因此从民族罪恶感中得到了一定解脱。但是，如果我们将战争视为整个国家或民族之间的斗争，那么整个德国及其历史还有全部德国人都要为此负责，这也是许多波兰人在战后初期的观点，它让波兰和德国成为势不两立的仇敌，也让和解之路举步维艰。而德国在战后被分区占领的事实让这一问题变得更为复杂，尤其是分属两个阵营的东德和西德，他们将怎样记述历史，波兰又将如何面对两个德国？

谁又是受害者？二战夺走了几百万波兰人的生命。从种族角度看，人们会自然地区分出波兰族受害者和犹太族受害者，以及其他的少数民族受害者，他们在战时和战后遭受的苦难是否存在不同？从代际角度看，除了被战争夺取生命的人，那些战争幸存者显然也是受害者，他们不仅要努力在战后废墟上活下来，更要面对来自精神的煎熬。那些未经历过战争的新生儿，在他们的成长中又该如何解读曾经的战争年代？也有许多德国百姓在战时牺牲，幸存的德国人既要生存，更要遭受世界的指责和自己的灵魂拷问。被驱逐的德国人则面临更具特殊性的议题：他们不是战争的简单受害者——无论是战胜国还是战败国，都是战争的受害者。而更重要的是，从受害者身上，波兰和德国找到了某种相似性或共性：人类都是战争的受害者与和平的向往者。这种共性为波德和解提供了坚实的情感基础。

图 2-1　老珀瓦科夫斯基公墓

当上述过程发生在一个特定的国家范围内时，这个国家的首都就会扮演十分重要的角色。一方面，首都自身的经历是国家记忆的重要组成部分，由于首都的政治和军事意义，战争参与者都将攻陷首都视为胜利的象征，这就凸显了首都在国家记忆中的关键位置；另一方面，首都又成为整个民族记忆的缩影，在这里，人们用各种方式记忆整个国家的过往。首都记忆的一个重要体现是，国家会在这里安置大量的纪念物。因此，与其他首都一样，华沙有着各种各样的纪念物，其中较为典型的是墓地。战前，华沙有两个重要墓地：老珀瓦科夫斯基公墓[图2-1]和珀瓦科夫斯基军事公墓[图2-2]。前者建于18世纪末，是波兰贵族、知识分子等为波兰社会发展做出重要贡献者的埋葬之地，二战后也是华沙起义者的记忆之地。后者建于一战期间，是为祭奠参加重要战斗的人而建。两处墓地里的情境及其历史变迁清楚表明了首都华沙在整个波兰的历史、记忆与和平建构中的核心地位。

图 2-2 珀瓦科夫斯基军事公墓

历史记忆与叙事受政治影响的程度是可想而知的。正如霍布斯鲍姆和安德森所发现的,各国政府都特别关注集体记忆的建构与传承,因为它在塑造着某种想象的共同体。为此,一国政府会支持符合某种政治目标的叙事,而相应地否认甚至压制其他叙事。如政府可以通过修改街道名称、推倒旧的纪念碑、竖立新的纪念碑、调整碑牌上的铭文等方式赋予特定的物理空间或物理实体以特殊意义,进而赋予特定的人物、事件以特殊意义。

战后不久,波兰加入了东方阵营。这为战后初期的波兰政府提供了一个总体性框架,官方的记忆建构自然也列于其中。此时的波兰政府还面临这样的难题:如何记述苏联在二战中的角色和作用?如何描绘效忠苏联的波兰军队?又如何理解那些不愿与苏联合作的抵抗力量的作用?如何看待属于另外一个阵营的德国?显然,对这些问题的回答会随着政治形势的变动而发生变化。

此外,华沙的历史记忆还受到很多其他因素的影响。在波兰的历史长河中,19世纪以前的几百年是围绕着与邻国的冲突展开的,整个19世纪又是一个新兴的、没有自己的民族国家历史的现代波兰,再后来就是二战这一最为黑暗的时期。战争与对抗意味着集体记忆不仅建立在我们是谁的基础之上,还建立在我们不是谁的基础之上。宗教上,天主教成为波兰人身份认同中的一个重要因素,因为其他人属于其他宗教:德国人信奉新教,俄国人信奉东正教。语言上,波兰人说波兰语,其他人说德语、俄语。作为整体的"我们"在对抗"他们"。这也成了身份建构的一种来源,因为与"他们"不同,甚至与"他们"斗争,"我们"才成为"我们",这是波兰人得以团结的重要因素,但也成为和解与和平的一种阻碍。

在波兰的记忆与和解建构中，昔日的贵族阶层发挥了独特的作用。贵族们曾发起了两次全国性的起义：1830—1831年的十一月起义和1863—1864年的一月起义。起义失败后，一些旧贵族阶层转变为知识分子新阶层，并努力将民族意识扩展到整个社会。一战后，尽管贵族头衔被废除，知识分子却持续影响着这个国家，他们对波兰人的身份认同和叙事建构发挥了重要影响。

同样重要的是，波兰人与犹太人之间的关系是一个非常重要的议题。犹太人早在中世纪时就定居于此，在文艺复兴和启蒙运动时期兴盛起来，他们的社会融合问题一直是19世纪的重要话题，却在二战期间遭受了毁灭性打击，这对战后的历史叙事建构产生了极为深远的影响。

1945年至今，已过去70多年，在这漫长岁月中，有关战争的记忆与叙事还面临着另一个重大挑战——代际更迭：老去的人给年轻人留下了什么？新生者又从逝去者那里继承了什么？

总之，和平之树的培育过程充满了波折。有时，几代人的努力才会孕育出一片新的枝叶；有时，刚刚伸展出的枝丫会被一刀砍断；有时，某处树杈的生长又要被扭转到另一个方向；但最终，我们一定会看到和平的果实，只要我们充满信心。

二

重建中的记忆建构

二战结束后,波兰面临的首要问题是:如何对待被摧毁的首都华沙?起初,有人打算放弃这座废城,将首都迁往别处,如附近的罗兹地区。但最后,人们还是选择将首都留在华沙。这首先是许多华沙人民自己的意愿。尽管华沙在战争中沦为废墟,但华沙居民在战后立即展开了城市的重建工作。战后,波兰的新统治者们也迅速意识到,重建这座城市将是国家治理的重要的合法性来源。

斯大林也提出了重建首都的建议。斯大林认为,重建华沙是一个有效的政治工具,这不但会赢得国际上的赞誉,而且可以在新首都的建造中融入许多新的象征性元素。战后初期,斯大林及苏联对波兰有着非同一般的影响。波兰工人党就是在苏联支持下不断壮大的。1947年选举后,工人党成为波兰议会中的主导力量。1948年,波兰工人党与波兰社会党的残余力量合并,组建了一支新的政治力量——波兰统一工人党,在其后50年成为占主导地位的政治力量。因此,20世纪40年代末50年代初,波兰政治通常被称为"斯大林时期",因为波兰的政治制度与治理模式与斯大林在苏联建立的模式颇为相似,也是当时的东方阵营所采用的主要政治模式。这也为波兰的历史记忆建构提供了特定的政治框架。

1945年，重建首都委员会成立，以组织和协调华沙城市的重建工作。首都重建的观念很快在全国范围内传播开来，华沙人民纷纷加入重建的事业。当时常见的口号是"全国上下正在建设自己的首都"[图2-3]。这则口号很好地概括了当时的主导性叙事：新首都从灰烬中开始复苏。当然，这里的重建或复苏不仅指代建筑或空间的物理意义，还体现在记忆与叙事等诸多方面。

图2-3 重建华沙的标语："全国上下正在建设自己的首都"（位于耶路撒冷大道和福克萨尔街交叉口）

更准确地说，重建华沙记忆不仅是在建构华沙的战争记忆，同时也是在建构波兰的历史记忆。就华沙在波兰记忆建构中的角色而言，二战成为另一个转折点：如果说战前华沙的记忆问题更多地属于某种地方性事务（还有来自其他城市的竞争），那么战后华沙的集体记忆就成为一个全国性议题。华沙以外其他城市的消失或者被边缘化是造成这种转变的原因之一。在两次世界大战期间的波兰第二共和国时期，波兰的政治、经济、文化中心分散在几个有影响力的城市之间。如，波兹南市主导着大波兰地区乃至整个波兰西部，维尔纽斯是东北部的重镇，利沃夫是东南部文化生活的中心。还有克拉科夫，它曾是波兰的首都，是波兰知识分子的家园，在分治时期甚至可与华沙媲美。但二战改变了这一局面。维尔纽斯和利沃夫被并入苏联，其他中心城市也逐渐被边缘化。加之，国家的中央集权体制进一步提升了首都华沙的地位。如果不讨论华沙的历史，就很难理解这个国家的历史。就历史记忆而言，如果不去建构有关华沙的历史记忆，就无法塑造整个国家的历史记忆。

战后，华沙的第一批建筑物很快拔地而起。建设初期，许多建筑物是波兰与苏联关系的反映。如，1955年落成的文化科学宫［图2-4］。该项目由斯大林提出，从象征意义看，它是苏联送给波兰的礼物。因此，这座建筑最初以斯大林的名字来命名，1956年后被

图 2-4 建造中的文化科学宫

改名为"文化科学宫"。建筑师勒夫·鲁德尼耶夫创造性地将社会现实主义建筑风格与纪念性建筑的风格融合,从而将现实与历史相连。而项目选址也具有某种象征性,该建筑矗立在市中心,战前犹太人社区也曾使用过其中一部分,这就使得所有人都可以从中找到与历史的连接点。因此,文化科学宫很快成为战后新华沙的象征。另一个类似的纪念物"兄弟纪念碑"[图2-5]是战后华沙最早竖立的纪念碑之一,它试图向世人传达苏联人和波兰人之间的兄弟情谊,也是波兰和苏联在官方宣传中共同反对法西斯主义的象征。不过,在另一些人看来,尤其在1989年转型期间,它成为苏联控制该地区的一个象征。

图 2-5 兄弟纪念碑

一个更能体现历史事件与历史记忆之差异的项目就是捷尼亚科登陆纪念碑，它为纪念1944年9月对捷尼亚科地区的战斗而建。当时，在苏联组建的波兰第一军队正与苏联红军并肩作战，并向华沙挺进。9月份，距离华沙城只一河之隔，只要顺利渡河，就能驰援华沙起义。联军于9月15日至16日向捷尼亚科等地发起的渡河战役伤亡惨重，18日至19日的再次渡河终获成功，但与华沙起义军的合作并不顺畅，同时在德军的猛烈反击下，波兰第一军最后被迫返回了由红军控制的维斯瓦河右岸。1946年，针对此事的一块小型纪念牌落成。1951年，在斯大林主义鼎盛之时，另一座更大的纪念碑面世。碑上的铭文写道："1944年9月16日至23日，在这片海岸上，波兰陆军第三步兵师在苏联空军和炮兵的支持下增援华沙战斗的人民，在维斯瓦河上取得推进后，他们与希特勒军队展开了一场力量悬殊的战斗。2056名波兰部队和苏联军队的士官，以及来自捷尼亚科和索莱克的数百名起义兵在此次战斗中英勇牺牲。荣耀属于那些为祖国自由而战的英雄们。"[图2-6]

图2-6 捷尼亚科登陆纪念仪式

尽管这些初期的记忆建构有着浓厚的政治色彩，但依然可以从中看到一些积极的要素。文化研究者马尔钦·纳皮尔科夫斯基曾提出了"行进观念"，这是波兰历史叙事中一个不寻常的视角，它与常见的"送葬叙事"有所区别。后者通常强调缅怀死者等行为的重要意义，而"行进观念"则包含着某种积极的基调。现在，新政府试图建立社会主义的新秩序，与过分注重历史的"送葬叙事"相反，"行进观念"可以将人们更多地引向未来。强调历史的积极一面，也是未来和平建构的必备条件。

华沙历史记忆中的另一个重要问题是犹太人。如，怎样对待1943年的华沙犹太区起义？

早在1946年，犹太人中央委员会开始呼吁建造新的纪念物，并最终选择了莱昂·苏辛的方案，这是一个小型纪念板[图2-7]，安放在扎门霍夫街附近，上面用波兰语、希伯来语和意第绪语书写了题词："1946年4月19日——致敬在为犹太民族的尊严和自由、为自由波兰和为人类解放之战中倒下的人们——犹太人。"

1948年，在华沙犹太区起义5年后，又出现了一座更大的矩形纪念碑——华沙犹太区英雄纪念碑[图2-8]，由犹太雕塑家内森·拉帕波特完成，拉帕波特曾为了躲避纳粹迫害而东逃，最终于1946年被遣返华沙。纪念碑有

图 2-7　犹太区英雄纪念物（建于 1946 年）

两面造型，中间连接处由大型花岗岩制成。正面雕刻着参加华沙犹太区起义的英勇的犹太人形象：他们手握武器，虽有人已倒，但更多的人还在抗争；他们目光坚毅地看向远方，其中一人就是起义的指挥官莫迪凯·阿涅列维奇。碑上刻有三种语言的题词："犹太民族的战士与烈士"。纪念碑背面则用浅浮雕呈现了 12 名犹太人流亡的形象，其中依稀可见纳粹的尖刀和头盔。在那个华沙重建的年代，这座高耸的纪念碑更像是从战后瓦砾中拔地而起，表达着求生和复兴的愿望——不像今天，在周围高大的建筑包围下，它的光芒似乎有些黯淡了。日后，这座纪念碑不仅仅用来纪念犹太人，而且逐渐成为一般性抗争的象征。1970 年，德国总理勃兰特就是在这里跪下的，从更普遍的意义上讲，德国总理此举就是在向波兰和波兰人道歉，向波兰犹太人以及所有犹太人道歉。

图 2-7 华沙犹太区英雄纪念碑（建于 1948 年）

这些纪念项目受到了民众的普遍欢迎。它们有几个特别之处。

首先是在历史叙事方面，犹太起义者在此时主要被描绘成英勇的烈士形象，这一形象与日后逐渐流行的大屠杀叙事有着明显不同。前者是英雄的受害者，后者是无辜的受害者。前者把犹太人描绘成拿起武器与敌人作战的英雄，而非被敌人残酷杀害的人。在普通人眼中，这一差别也许并不重大，但就和平建构而言，叙事上的这些差别（甚至是更加细微的不同点）有着十分重要的启示意义和实践价值。同样是受害者，虽然都将矛头指向历史和敌人，但英雄的受害者形象展示的是伟岸，彰显的是勇气，而无辜的受害者形象更多地展示着悲惨，渲染着无奈。犹太区英雄纪念碑是这种叙事差异的典型代表，其正面是英雄的犹太人形象，背面则是悲惨的犹太人形象。有批评者曾指出，这样的设计容易让观众只看到英雄，而忽视受难，因为当参观者在面对纪念碑正面时，可能并不会意识到，宽大的岩石背后还有另一幅图景，更不用说正面采用的深浮雕更加雄伟可辨，而背面采用的浅浮雕则给人以模糊的印象。不论设计师本人当初是如何构想的，我们更愿意将其视为英雄叙事的代表。除此，我们还会在华沙的和平建构中看到记忆和叙事所塑造的其他形象。随着时间的推移和局势的变化，随着波兰与华沙的发展，当战争受害者的形象更多地被和平建构者的形象取代时，就可以期待和平之树开出和平之花了。历史记忆或叙事所塑造的人物形象差异成了未来发展的起点，从这些差异出发最终很可能建构起完全不同的和平景象。

其次是建造的时间。这些纪念物是在政治氛围允许的情况下完成的。日后,有关犹太人的历史记忆与叙事随着政治氛围的变动而不断变化。1948年以后,波兰政府的政策更加倾向于苏联,有关历史的记忆与叙事也是如此。这就意味着,二战更多地将被描绘为共产主义和法西斯主义意识形态之间的斗争,而非笼统的德国与波兰等国之间的对抗,人们也开始越来越多地把施暴者称为"希特勒分子",而非"德国人"。尤其在东德建立之后,当"善良的德国人"出现时,"希特勒分子"一词的用法就显得更为恰当了,因为它绕过了罪犯的国籍这一难题。1945—1948年成为建造类似纪念物的少有的机遇期,其意义自然是不言而喻的,正如记忆的遗忘曲线所揭示的那样,事件结束初期的记忆弥足珍贵,尽管有关犹太人的记忆在中期有所中断,但战后的这次立刻回溯让犹太人问题一直潜藏在波兰的历史记忆深处。

相比犹太人的记忆问题,关于华沙起义的记忆问题更加复杂:如何纪念20万波兰人(其中大部分是平民)的死亡?如何评价当时的华沙抵抗运动?

尽管有些棘手,但这是无法逃避的问题。在军事意义上,华沙起义是对德国侵略者的反抗,这一点毫无争议。但它又有着复杂的政治意涵:华沙起义的目的似乎是要增强波兰流亡政府的地位,并为战后的和平谈判创造更好的条件。如果起义成功,流亡政府支持的国家军等就成了解放波兰的力量,甚至无须苏联支持。这显然是波兰当局和苏联不愿看到的,尤其考虑到他们对波兰流亡政府以及国家军的态度。

1945年，针对起义的第一次纪念活动为这段历史确立了叙事的基调。首先，华沙民众的英雄气概得到了承认。也就是说，不管人们对起义的成败有何看法（如起义是否准备充分，起义是否组织得当，盟军是否提供了充足支援，等等），最重要的是要记住那些抵抗侵略者的人。其次，那些与苏联抵抗力量结盟的人的地位得到了提升。被放在首位的就是亲苏的人民军。相比之下，国家军的贡献要么被完全抹杀，要么被轻描淡写地处理，国家军有时甚至被指责为起义失败的主要责任人。总之，波兰当局在建构历史叙事时，不是在对历史做简单的描述，而是要让人们相信，人民卫队及后来的人民军，以及在苏联组建的波兰军队在波兰解放中发挥了关键性作用。

随着新政府政权的不断巩固，他们对这种叙事的信心也随之增强，在有关的叙事困境面前也变得更加决绝。人民军及其前身受到了广泛的赞誉，一个突出的例证就是，他们很早就在珀瓦科夫斯基军事公墓中有了自己的专属区域[图2-9]，从而在国家军面前展现出了绝对的象征性优势。如此一来，人民军虽然在规模上比国家军小得多，却被官方记述为抵抗运动的中流砥柱。除了公墓这种富有极强象征意义的纪念活动，还有许多其他的例子。如献给人民卫队的一块碑牌，以纪念人民卫队炸毁德军控制下的"咖啡馆俱乐部"的一次行动[图2-10]，尽管就整个战争来说，这次小行动的军事意义可能并不那么重要。除了逝去的英烈得到缅怀，活着的人同样受重视，人民军战士成了退伍军人机构里的中坚力量。1949年，政府成立了争取自由和民主战士协会。该机构运行期间，特别是在斯大林时期，其工作重点就是接收亲苏的战斗人员，包括人民军士兵，以及在东部组建的波兰军士兵；斯大林时期结束后，该协会才开始吸纳其他退伍军人。

图 2-9　珀瓦科夫斯基军事公墓中的人民军墓地

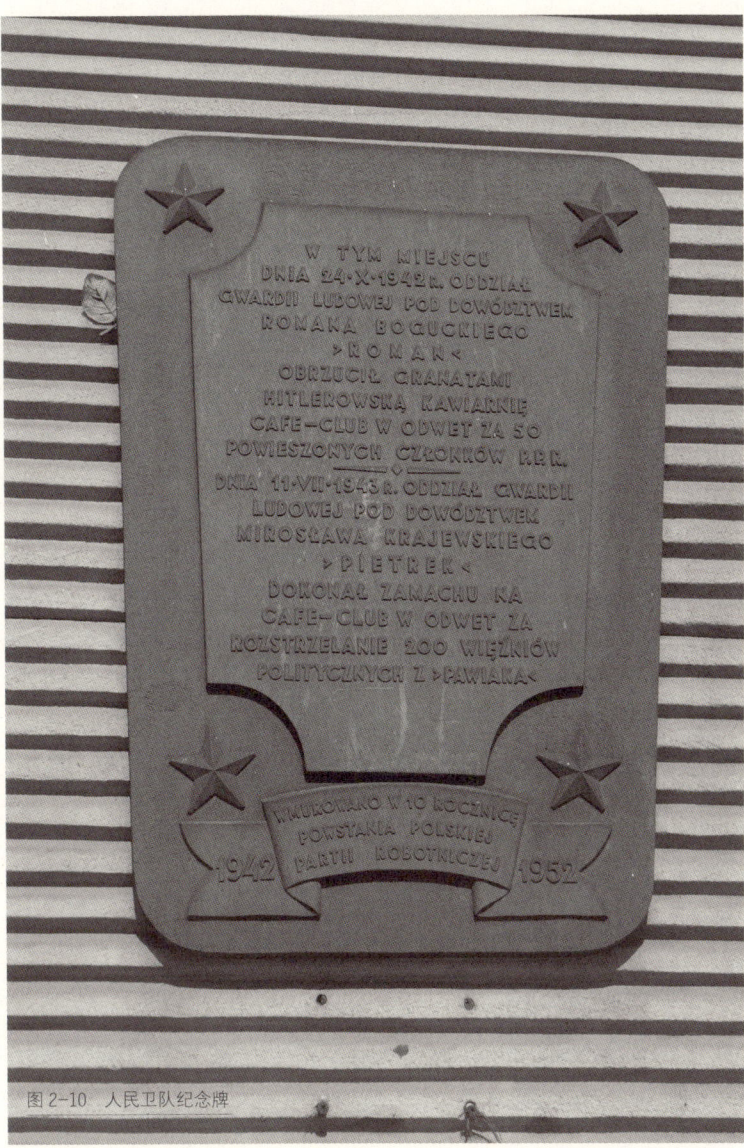

图 2-10 人民卫队纪念牌

与人民军相比，国家军在当时的记忆与叙事中的地位明显不同。新政府一度将国家军视为新秩序的潜在威胁。战争结束后不久，国家军的许多高级指挥官被当局的情报部门抓获，并在华沙或苏联判刑，一些领导人在狱中被判死刑或遭受酷刑。在当时的官方媒体和宣传中，国家军成员也被贴上了"土匪"的标签，他们对抵抗运动的贡献被抹杀了。

此间，为数不多的与国家军有关的官方纪念活动发生于1945—1946年。1945年8月1日，华沙起义一周年的纪念活动在珀瓦科夫斯基军事公墓举行。活动肯定了人民军与国家军在联合抵抗法西斯敌人中的情谊，并赞扬了华沙人民的英勇行为。与此同时，仍有许多波兰政治家和媒体评论员在谈论此次纪念时，将矛头指向了国家军领导人以及流亡政府等，斥责他们是企图将起义果实据为己有的"篡权者"。

除了官方纪念活动，华沙居民还自发组织了民间纪念活动。这一时期，官方和民间的纪念活动有一个较为明显的区别：官方活动一般都在珀瓦科夫斯基军事公墓举行，而民间活动则在葬有起义者的老珀瓦科夫斯基公墓举行。如，在1946年，一座名为"荣耀"的纪念碑在珀瓦科夫斯基军事公墓落成［图2-11］。这是与华沙起义有关的最早的纪念物之一，尽管还不是直接的纪念。有评论指出，这也许不能算一座独立的纪念碑，而是既有纪念空间的某种延伸物，也是官方记忆与民间记忆之冲突的某种反映。纪念碑呈四面环绕的立方体，每一面上都刻有文字或符号：华沙起义、荣耀、1939—1945战斗波兰锚，以及"献给国家军战士，献给为自由而战的烈士"的铭文。看到"荣耀"（Gloria Victis）一词，人们不禁会想起19世纪作家艾丽查·奥若什科娃的同名小说。奥若什科娃用这个词形容一月起义的参与者。这个词可被直译为"给战败者以荣耀"，与古罗马语"给战败者以怜悯"（Vae Victis）正好相反。通过这种反义化的表述，奥若什科

图 2-11 荣耀纪念碑

娃试图表明,尽管在军事上失败了,但起义者在道义上取得了胜利,他们是在为波兰独立这一正义的事业而奋斗。与前述"无辜的受害者"与"英雄的受害者"的对比类似,从"怜悯"到"荣耀"的转换不仅代表了人们对战争的观念转变和对历史的重新解读,更重要的是,这种转变为后世的和平与和解奠定了积极的情绪和认知基础,它将我们的关注点从战争的胜负中移开,而去欣赏历史中人的价值。

华沙历史悠久，其和平建构之路是历史长河的延伸，其历史叙事与记忆也建立在漫长历史基础之上。本书主要聚焦二战这一重大历史事件，而关于二战历史记忆与叙事的呈现则主要集中在官方基调、犹太人、华沙起义或人民军与国家军等重要因素。显然，一个国家的历史记忆与和平建构不仅包括这些因素，还包括许多较少被提及的、边缘的、琐碎的、"不重要的"甚至不为人知的因素，它们共同构筑起一个国家记忆的整体。如，很久以前华沙人就流传着一个习俗：通过安置小型十字架来表达对逝者的祭奠。战后的新政府就在此基础上进行了创新：个人化的十字架被国家赞助的标准化的石碑取代。这个方案由建筑师卡罗尔·乔雷克提出，碑牌上是一个刻有铭文的马耳他十字架，这种设计是为了尽可能呈现或保留华沙人祭奠亡灵的传统形式［图2-12］。今天，整个华沙约有100个类似的石碑，成为城市记忆与城市风貌中的一种独特元素。

图 2-12　卡罗尔·乔雷克石碑之一

总之，尽管这一过渡时期较短，但这一时期的短期叙事对整个历史记忆而言异常重要，波兰官方对这一时期的记忆建构相当有效。最初的叙事如下：人民军与国家军以及华沙人民一起，在苏联的支持下，英勇地同德军作战，而国家军内部的一些人可能要借此达到他们自己的政治目的。到了斯大林时期，历史叙事变得更加黑白分明：人民军，与华沙人民和苏联红军并肩作战，对抗法西斯主义者。在这种叙事中，国家军消失了，施暴者也从德国人变为法西斯主义者或纳粹，因为这更符合当时的意识形态和政治形势。另外，尽管战争刚刚过去，但此时存在于世的两代人却已然处在了历史的矛盾中：上一代人（通常生于 20 世纪 30 年代末以前）直接经历了战争，下一代人（生于 20 世纪 30 年代后期）则由于战时太年轻而难以记得战争，但他们要共同经历战后秩序，共同面对战后记忆。即将到来的下一段历史时期，将为国家叙事带来许多或大或小的变化，也影响着华沙的记忆实践。

三

变迁中的记忆波动

1953年,斯大林去世,随后,赫鲁晓夫掌权。同一时期,波兰统一工人党总书记博莱斯瓦夫·贝鲁特去世,爱德华·奥哈布临时继任,但不久辞职。中央委员会随后选举瓦迪斯瓦夫·哥穆尔卡为新的总书记。华沙以及国家的历史叙事都开始发生变化。

修建纪念碑是当时历史叙事变化的集中体现。如1957年,一座追忆捷尼亚科登陆的新的纪念碑[图2-13]落成。它与斯大林时期的相关纪念碑纪念着同一个历史事件,但内涵却发生了转变。此前,捷尼亚科登陆被描绘为波兰军、苏联军和起义军的合作抗战,但"起义军"的称号是笼统而模糊的。而新的纪念碑则在题词中明确提到了国家军的参与。这意味着,官方开始吸收民间有关华沙起义等历史的评述,开始重新记述国家军这一之前被忽略的力量。

图2-13 捷尼亚科起义者纪念碑

有关战争的议题得到了更充分的讨论，人们开始重新回顾华沙起义，尤其是那些曾参与过华沙起义的人，为华沙的城市记忆增添了新的元素。人们努力收集各种文献资料、历史书籍、大众文学等，以期更好地理解历史[图2-14]。

战争主题开始在文学和电影等作品中出现。安杰伊·瓦依达的两部电影《下水道》（1956年）和《灰烬和钻石》（1958年）探讨了与战争相关的复杂议题，包括抵抗力量内部不同群体间的关系以及战后秩序。瓦迪斯瓦夫·赞布罗茨基在1959年发表散文《虔诚的疯子》，提出了有关起义的独到观点：起义不仅关乎战士，也关乎那些未曾参与军事战斗却要为生活而战的普通人。这意味着，人们开始超越军事战斗的传统框架去理解战争，开始从非军事视角走进普通人的战时生活。人们不仅会看到战争对普通人的深度影响，更会看到普通人即使在战争困境中也满怀对生活的希望。这就为后来的和平建构打开了另一扇窗。

图 2-14 华沙起义者塔德乌什·乌齐斯基收集的有关华沙起义的资料

曾经的国家军成员也可以表达自己的观点。这方面的典型例子就是杰西·基希梅尔及其作品。杰西·基希梅尔最初是第二共和国的一名士兵，后来成为国家军的一员。在斯大林时期前，他就出版了几本关于九月战役和华沙起义的书。在生命的最后几年，杰西·基希梅尔仍坚持写作，他去世后，其个人文集出版，其中《华沙起义》一书从军事角度对华沙起义进行了深入研究，为后世提供了重要参考。此外，还有一些其他研究成果。如，塔德乌什·克利马谢夫斯基的《燃烧华沙》，该书聚焦华沙焚烧支队，这是党卫军在沃拉屠杀之后组建的一支奴隶制劳动力。约4万至5万波兰平民被迫到华沙的多处废墟中搜寻尸体，然后将尸体焚烧。而在完成任务后，许多人都被处决了，只有极少数人幸免于难，并为世人讲述了那些不为人知的故事。约瑟夫·玛格丽特的《援助华沙起义者》一书集中讨论了当时驻扎在维斯瓦河右岸的波兰军队对起义者提供的援助，对那些指责盟军未提供充足援助的说法进行了回应。显然，这些讨论的意义不仅在于对历史事实进行挖掘与评价，更重要的是为人们重新理解现实与未来提供了新视角。也正是在这种相对自由的环境中，和平视角才能够生根发芽，从众多视角中逐渐脱颖而出。

其实，历史记忆与叙事的变动并非如上述那般轻松简单，让我们再看一下这段时期其他值得关注的叙事变动。

首先是流行的"华沙英雄"表述，尽管这一表述依旧笼统而模糊，但它指向了多种可能：九月战役中的士兵、犹太区起义者、在东部作战的波兰士兵，以及包含各种政治倾向的华沙起义者。如，"致敬1939—1945华沙英雄"的纪念碑［图2-15］，于1964年完工，其雕像造型是胜利女神，她手持一把巨大的格伦瓦德之剑，剑头指向西方——那里是法西斯侵略者入侵的方向。这座纪念碑是多种叙事的混合体，它没有直接提到华沙起义，而是指向了所有的英雄——华沙的城市防御、一般的抵抗以及解放华沙的力量等。未来，我们会看到相关纪念碑的持续变迁，最终演变为对华沙起义的专门性纪念。回过头来，我们也许能看到笼统表述所包含的多种可能性甚至模糊性的积极意义，或者说，从严格的单一性限制向宽松的多元性转向的积极意义。如果有关华沙起义的历史叙事及记忆活动都严格限制在人民军和盟军方面，华沙起义的另一面就可能永远被忽视，而"华沙英雄"这样的表述通过模糊性表达，为以后的叙事修正提供了广阔的空间，没有这个中间环节，国家军等力量就难以获得认可。早期的荣耀纪念碑是这方面的另一个例证，虽然它受制于当时的政治环境而无法直接被命名为华沙起义纪念碑，但正是在对所有华沙抵抗者的笼统纪念中才为国家军这样的力量赢得了些许空间。

图2-15 华沙英雄纪念碑(碑上书有"致敬1939—1945华沙英雄")

上述纪念碑中的"格伦瓦德"标识值得再次提及，该标识在华沙的历史叙事中越来越显著。1410年，在这个小村庄里，波兰王国反抗着日耳曼人的统治。波兰人想夺回那些曾属于波兰但后来被日耳曼骑士掳走的土地，更重要的是，波兰人取得了这场战役的胜利，其敌人可是不可一世的骑士团。因此，格伦瓦德战役成为波兰历史上极具象征意义的场景，连强大的骑士团都能打败，还有什么敌人不能战胜呢？而在二战后的历史叙事中，重要的也许不再是这段历史本身，而是从国家的角度将这场冲突视为不同民族之间的斗争：一边是波兰人，另一边是德国人。这一对关系显然成了二战后波兰必须面对和处理的关系。前文提到，有关战争的叙事最初将矛头指向了德国人或者德国这个国家。但是，进入斯大林时期，由于东德等因素的存在，叙事的矛头转向了"希特勒主义"这个更为精确的称呼。1956年以后，指向国家的叙事再次出现，谈到这场战争时，人们可能会说，这是一场反对"德国法西斯主义"的战争。这些变化使我们更容易理解1964年落成的华沙英雄纪念碑，毕竟，当时的波兰和西德之间距离关系的正常化还很遥远。总之，通过格伦瓦德之剑，波兰人诉说着对格伦瓦德战役和二战时期的德国敌人的对抗与仇恨。指向敌人的寓意胜利的格伦瓦德之剑似乎在说：波兰人一定要再次战胜对方。或者说，类似的纪念碑反映出，一些人通过连接古今将对抗与仇恨放大。而就在1965年，波兰主教在给德国同行的信中，则通过重新理解古今关系为和解找到了出路。

图 2-16 帕维克监狱博物馆

帕维克博物馆[图 2-16]也是值得一提的纪念空间。"帕维克"这个名字源自帕维克街,19世纪30年代曾有一座监狱建造于此。该监狱在德国占领期间变得臭名昭著。1939年10月,德国占领者开始在这里关押所谓的"政治犯",包括波兰知识分子、抵抗运动成员、犹太人等。其间,许多人在这里被残忍地处决,还有许多人后来被送往集中营和死亡营,特别是奥斯维辛、特雷布林卡、萨克森豪森等地。此间,有的抵抗者通过在监狱外墙上书写"我们将为帕维克报仇"等标语来表达愤怒。1943年3月,一些国家军士兵成功营救了将被送往帕维克的部分"犯人"。一个月后,随着华沙犹太区起义的爆发,纳粹占领者越来越难以管控这所监狱。1944年8月,华沙起义爆发后,帕维克的最后一批卫兵撤离。战争结束后,最初的监狱只保留下一座正门和院中的一棵白榆树。为了纪念遇难者,"囚犯"的家属们会在树上安置一些小石牌。1964年,相关的博物馆向公众开放。与华沙英雄纪念碑有些相似,帕维克遗址也是为多元人群准备的,因为其中的一些"囚犯"是波兰人,一些是犹太人;一些是平民,一些是抵抗运动中的士兵。与那些针对特定群体的记忆不同,这样的记忆空间由于涉及多种身份可能更易将多元群体整合在一起,它在某种意义上就类似于一个包含多元群体的国家。"差异"化的群体由于帕维克的"共性"而走到一起,正如"差异"化的群体由于国家的"共性"而走到一起。和平建构更是如此,它需要人类超越宗教、种族、文化与国家的"差异",基于人类的"共性"而走向和平。

除了官方叙事、人民军与国家军等议题，还有一个有关历史记忆的问题，那就是犹太人问题。在哥穆尔卡统治的早期，犹太人与波兰人之间的关系在总体上还算可以。尽管在战争期间遭受了严重的创伤并经历了大规模的迁徙，波兰犹太人在战后的华沙仍努力生活着。曾经的华沙犹太区起义者也继续着他们的纪念活动[图2-17]。但是，随着斯大林反犹主义的兴起，尤其是波兰统一工人党内强硬派的崛起，犹太人的境况发生了重大变化。这个强硬派后来被称为"游击派"，因为其主要成员曾在二战期间参加过游击队。该组织的领导人米奇斯瓦夫·莫恰尔曾是人民军的一名少校，后来成为游击派的主要领导人。1964年，莫恰尔成为争取自由和民主战士协会的主席，并逐渐成为哥穆尔卡的主要对手，他将苏维埃式的意识形态与强烈的民族主义观念相结合，提出了一套相当不同的国家治理方案。士兵出身的莫恰尔及其支持者指出，军事精神能够将波兰人团结起来。莫恰尔还打算以更友善的方式来对待国家军的老兵，他把国家军视为统一爱国阵线的组成部分，因为国家军无疑也是波兰民族与精神的构成。

图 2-17 华沙犹太区纪念活动

那么，谁是敌人呢？游击派将矛头指向了犹太人。在他们看来，犹太人是外国势力的代表，是不能被相信的。他们甚至将党内持不同政见的人也视为广泛的犹太阴谋的一部分。而1967年以色列和阿拉伯国家之间的六日战争激化了这一矛盾，受其影响，在波兰发展成了一场持续一年之久的以清洗犹太人、异见分子为目的的反犹太复国主义运动。哥穆尔卡于1967年6月在文化科学宫发表讲话，指责犹太人在波兰损害了国家的利益，还指责犹太人是"第五纵队"。同年12月，政府下令禁止播放卡兹米尔兹·德默克的戏剧《达齐阿迪》。《达齐阿迪》的原著由19世纪的亚当·米凯维茨所作，以当时波兰爱国者反对沙皇俄国为题材。波兰当局担心德默克改编的戏剧会激发反苏言论，遂下令禁播。此举引发了学生抗议，尤其是华沙大学的学生。而莫恰尔集团指出，犹太人才是此次事件的主要参与者，并借此向哥穆尔卡施压。最终，政府对学生的抗议活动进行了镇压。犹太裔或具有犹太血统的师生被学术界除名。1968年3月16日，波兰统一工人党在文化科学宫召开了一次政治会议，哥穆尔卡在会上批判了犹太复国主义以及犹太人对学生运动的影响。在这种形势下，大约1.3万到2万犹太人决定离开波兰。这些事件极大地破坏了波兰与世界各地犹太人之间的关系。留在波兰的犹太人的生活备受限制，虽然犹太裔知识分子对这些政策进行了抵抗，但这些反犹政策在此后几十年不断被强化。

这就是我们所说的历史叙事波动的一个面向，国家军的地位在这一时期的历史记忆中有所回升。但犹太人在波兰国家记忆与华沙城市记忆中的遭遇却又让人们感到唏嘘。记忆之树的生长就是如此，就如同孩子的成长，总是令人悲喜交加。

1970年底，爱德华·盖莱克接替哥穆尔卡，担任波兰统一工人党中央委员会第一书记。与上了年纪的哥穆尔卡相比，盖莱克将自己塑造成一位富有活力的领导人，他承诺要对国家进行现代化改造，力图翻开波兰历史的新篇章。这一战略规划下的华沙发生了许多变化。采用新技术的建筑物如雨后春笋般在华沙各地拔地而起，其中最具象征意味的就是皇家城堡的重建。尽管早在1949年波兰议会就正式通过了重建城堡的决议，但在当时，这一决议最多只是表现一种象征性的姿态。当时的波兰政府将注意力更多地放在新项目的建造上，即使是重建，首先重建的也是老城等区域。至于城堡，当局采取的唯一措施是保护城堡周围的地带，而城堡的重建则被一推再推。即使在1964年城堡遗址被联合国教科文组织列入世界遗产名录，实质性的重建工作也未启动。盖莱克上台后，重建现代化华沙成为其现代化战略中的一项关键设计。皇家城堡的重建工作于1971年启动，并于1984年完工［图2-18］。皇家城堡的实际功用更多地反映在更早期的波兰与华沙历史中，在二战期间体现得也并不明显，但皇家城堡在后世依然发挥着举足轻重的象征作用。

图 2-18 重建中的皇家城堡（1974 年）

总的来说,在历史记忆或叙事方面,这一时期延续了早期确立的一些原则,没有太大的创新。但是就叙事建构与和平建构而言,我们不可能只去关注那些重大的具有突破性转折性意义的创举,这或许也是和平学给我们的另一重启示。传统的政治与军事研究通常只关注重大的政治与军事事件,其背后的假设是:只要讲清楚某些重大节点,它们自然会连成一整串历史。但历史显然并非如此,没有中间的连线,重大节点就只是孤立的历史片段,况且某个节点、事件或人物是否重大,只是后人的评判而已。因此,那些没有多少创新的历史记忆仍然值得在此一提,它们就好似重大节点中的连线,为节点赋予了意义。

1979年,以1939年九月战役为主题的九月纪念碑公开展出[图2-19]。那一年是战争爆发也即华沙开展防御40周年。石块拼成了九月战役的日期:8 IX — 27 IX 1939。纪念碑上的题词为:"波兰军队与华沙居民一起与希特勒主义作战。""希特勒主义者"(而不是"德国"或"德国人")

图2-19 九月纪念碑(局部)

一词被再度使用，它指向的不是侵略者的国籍。20世纪七八十年代以后，这一用语不仅是为了回避现实问题的委婉辞令，而且还蕴含了某种超越民族国家的力量，即当波兰人更多地使用"希特勒主义"这样的精确语时，意味着他们反抗甚至仇恨的群体范围和时间范围都缩小了，意味着他们开始将二战的黑暗历史与整个德国及其历史区分开来，也就更容易与当代的德国走向对话。同时，"华沙居民"的用语也替代了"华沙人"一词，后者从战后直至哥穆尔卡时期都经常被使用。此外，还有1975年揭幕的排雷英雄纪念碑［图2-20］，它就在距离捷尼亚科登陆纪念碑不远的地方。它纪念的是1945年1月华沙解放后排雷兵的英勇事迹，这些排雷兵冒着生命危险去清除战后城市里残余的爆炸物。与那些祭奠战时状况的纪念物不同，人们从排雷兵等纪念物中读到更多的，也许是独立后的宽慰以及对未来生活的期盼，而非战时的痛苦与磨难。

当时的文学和电影作品中陆续出现了有关华沙起义的主题。1970年，波兰诗人米隆·比奥斯泽夫斯基出版了《华沙起义回忆录》一书，从起义见证者的民众视角回忆了华沙起义，这种视角与战士视角、政治精英视角都大为不同。另外，亚历山大·卡明斯基写于1943年的文学作品《城墙上的石头》也在这一时期被改编成电影《军火库行动》。电影于1977年上映，情节围绕着国家军佐卡分队的一次行动展开，这次行动试图将他们的士兵从监狱中解救出来。

在对待国家军的态度上,此时与哥穆尔卡时期也有几分相似。一方面,政府仍然不愿意向国家军表示太多的敬意。有关国家军的信息通常模糊不清,并要接受政治审查,"国家军"在很多时候都被放进笼统的"起义者"概念之中。另一方面,当局的立场也有所改变。如以前经常用来称呼国家军的"土匪"一词逐渐被抛弃,相关叙事也随之发生了改变。值得一提的是,1979年出现了一个更加开放的纪念碑——华沙起义者纪念碑[图2-21],那时正值华沙起义35周年之际。这座纪念碑是盖莱克十年统治期间有关华沙起义的主要纪念形式。纪念碑的铭文中还特别指出了1944年8月1日华沙起义开始时参加战斗的国家军组织"基灵斯基"。如果1964年的华沙英雄纪念碑是对华沙历次冲突中所有英雄的纪念,那么此时的华沙起义者纪念碑则是对参加华沙起义这场战斗的人的纪念。正如评论家指出的,这种变化虽显得微不足道,但对波兰当局来说,已属不小进步;对华沙起义的起义者来说,更是相当重要的改变。虽然华沙起义因其过程、目标和意义等争论还未收获官方的专属记忆,但参加起义的人应当获得认可和祭奠,包括国家军。

另外,有关华沙起义的讨论也并不限于波兰国内,身处异国他乡的波兰人也以自己的方式叙述历史。如1945年以来,当时的波兰政府在九月战役后撤离并在伦敦落脚,他们继续组织相关活动,并声称自己是合法的流亡政府。战后,相关人等继续召集散居在英国的波兰人,他们当中的许多人都是二战老兵,包括国家军高级指挥官以及大量的华沙起义者,以自己的方式叙述历史。其中,华沙起义参与者扬·西查诺夫斯基曾撰写过一份关于华沙起义的研究报告。扬·西查诺夫斯基使用了许多珍稀资料,包括回忆录和对国家军高级指挥官的采访。

图 2-20 排雷英雄纪念碑

图 2-21 华沙起义者纪念碑

总的说来，扬·西查诺夫斯基对华沙起义的立场是消极的。他认为，当时的士兵对即将到来的战斗并没有做好准备。相比较而言，在盖莱克执政下的波兰，虽然许多历史学家继续进行关于华沙起义的研究，但他们更侧重于填补空白，而不是对历史叙事寻求根本性的改变。

20世纪70年代后期，面对新的经济困难，盖莱克政府不得不通过削减开支和提高物价加以应对，却再次引发了工人抗争。抗争领袖莱赫·瓦文萨代表工人与政府达成协议：成立一个独立于政府的新工会。这就是团结工会及其运动的诞生，该运动吸引了数以百万计的波兰人加入。1980年，盖莱克被临时总书记斯坦尼斯瓦夫·卡尼亚取代。一年后，该职位又由沃依切赫·雅鲁泽尔斯基担任，他对20世纪80年代的华沙记忆与和平的持续发展发挥了重大作用。

四

历史记忆的持续生长

雅鲁泽尔斯基对波兰的战斗史有着更加亲和的态度,这既包括波兰军队,也包括国家军。多年后,这些观念开始在实践中生根发芽。

此处,我们要提到一个人:简·马祖基维奇。一战期间,马祖基维奇参加了波兰军团。二战前夕,他升为上尉,随后退役。二战爆发后,他组织了一个抵抗小组,并获得了波兰流亡政府的认可。1943年,该小组并入国家军,马祖基维奇担任拉多斯拉夫组织的指挥官,在华沙起义结束前,已晋升为上校。他的部队装备精良、训练有素、规模较大,成为抵抗德军的一支主要力量。1945年,他被波兰当局逮捕,1949年再次被捕,直到1956年大赦。出狱后的马祖基维奇积极参与各种活动以保护前抵抗组织成员,1980年晋升为将军。1981年8月1日,在华沙起义37周年之际,马祖基维奇等100人被授予了华沙起义十字勋章,该勋章用来表彰那些曾积极参与华沙起义的人。与1944年起义期间起义者使用的非正式十字勋章不同,这是由战后政府官方授予的。这意味着,华沙起义已获得波兰政府的全面认可。

在这种情势下，曾经的华沙起义者们开始建造相关纪念物，其中之一就是著名的小小起义者雕塑［图2-22］。该雕塑建于1983年，是为祭奠那些年轻的起义者（最年轻的约为12岁）：小小的身躯，头上戴的却是成人的头盔，肩上还背有一把枪。雕塑身躯本就矮小，在周围高大的墙体映照下显得更为渺小。雕塑后面有一块纪念牌匾，上面刻着华沙起义最著名的歌曲之一："华沙的子民们，让我们投入战斗，为每一块石头献出我们的鲜血。"更为重要的是，类似雕塑俨然成为某种隐喻，引发了更多讨论：战争对年轻一代造成了什么影响？有人赞扬这些青少年的勇气，有人强调冲突夺走了许多无辜的生命。上述问题所引发的思考逐渐超越了战争本身。年轻一代代表着未来，波兰的未来是走向暴力与复仇，还是走向和平与和解？年轻人才是关键。

马祖基维奇的晋升与荣誉不仅具有象征意义，更对华沙起义的记忆建构起到了重大的现实作用。很快，关于建立华沙起义纪念碑的讨论就成为一个重要议题，马祖基维奇也加入了负责纪念碑项目的委员会，尽管他最终未能目睹这座纪念碑的落成。

图 2-22 小小起义者雕塑

华沙起义纪念碑终于在1989年面世[图2-23]。一组楼梯之上，几名起义者的造型相当生动，他们手握武器，前倾的姿态表明，他们正在行动，正在抗争；楼梯下方，几个人正准备进入下水道系统，这是华沙起义中特殊的移动通道，战士由此快速转移，百姓借此潜藏逃生。尽管人们曾就该纪念碑应当采取抽象主义还是现实主义的风格而争论不已，但毕竟，它终于落成了。

这一刻，当年参加起义的高级将领年事已高，或已经去世；昔日年轻气盛的军官和士兵也已逐渐衰老，其中大多数人的年龄已超过60岁；他们的下一代已经成人，甚至第三代也来到了这个世界。关于华沙起义的专门纪念碑终于在三代人的共同见证下落成了。这是对这场起义全面而直接的祭奠，它是许多人努力的结果，更是历史叙事转型的硕果。

至此，我们看到了三个在名称上颇为相似的纪念碑：1964年的华沙英雄纪念碑、1979年的华沙起义者纪念碑、1989年的华沙起义纪念碑。这三座纪念碑因其所处的时代不同，有着不同的建造动机，也就表达着不同的记忆内涵。简单来说，20世纪60年代的政府并不认可华沙起义这场保卫战在历史中的作用，甚至将其视为反叛，所以不可能针对华沙起义及其起义者设立专门的纪念物，因此只会使用笼统的"华沙英雄"概念，以向所有保卫过华沙的人表示敬意；70年代，尽管人们对于华沙起义本身的得失或贡献仍有争议，但波兰当局认为，起义的参与

图 2-23　华沙起义纪念碑

者应当被纪念，他们为那场保卫华沙的重大战斗做出了努力和牺牲，因此，纪念的对象从宽泛的"华沙英雄"缩小到"华沙起义者"，但在"起义者"的笼统概念下，国家军的贡献还是被淡化了；80年代，在雅鲁泽尔斯基以及马祖基维奇等人的努力下，华沙起义才终于迎来了专属的纪念碑。也就是说，只有这座纪念碑是专门面向这场起义本身的。这意味着，包括国家军在内的所有人都得到了认可。请不要忘记，这仅仅是波兰与华沙历史上无数次抵抗外敌中的一次，对它的记忆修正都历经了三个时代。

三个时代，三座石碑。石碑镌刻了历史与记忆，而石碑的变化则承载了历史与记忆的变迁，正是这种变迁最终助推了华沙的和平进程。

有关犹太人的记忆也发生着变化。1988年,在华沙犹太区起义45周年之际,同时也是1968年3月战役20年后,乌姆施拉格普拉茨(Umschlagplatz)纪念碑落成[图2-24]。它是继犹太区起义纪念碑之后另一个重要的纪念碑,以纪念二战中犹太人的命运。"Umschlagplatz",意思是"重新安置广场",是犹太区里犹太人等待转运火车的地方。当时德军告诉这些犹太人,他们将在这里乘坐火车,以被"重新安置"。但实际上,他们等来的却是开往集中营的列车。纪念碑上镌刻的就是那些被转移的人的名字,旁边还有一首诗:"哦,大地/请不要带走我的血液/我的尖叫将永远回荡。"

人们还在此放置了一些石块,以纪念那些亡灵。此地一直都是反映二战时期犹太人遭遇的重要象征。不过,就叙事而言,它体现的主要是一种大屠杀叙事风格,即把犹太人首先视为无辜的受害者,纪念碑上的那首诗是这一风格的典型反映,它和我们前面提到的英雄犹太人的叙事存在差别。但至少,有关犹太人的记忆回归了。

值得注意的是,有关犹太区和华沙起义的叙事交织在一起。在乌姆施拉格普拉茨纪念碑揭幕前的两年,距离其很近的地方就有一块关于华沙起义的石碑落成。这块石碑是为了纪念破坏行动委员会的事迹:1944年8月,国家军士兵成功解救了约50名犹太"囚犯"。其实,在更广泛的意义上,有关波兰的记忆和有关犹太人的记忆也交织在一起,著名的"华沙之跪"就是典型的代表。有舆论对"华沙之跪"的批评是:西德总理跪错了地方,他应当选择针对波兰或华沙的纪念碑,而非犹太人纪念碑。但是,就人类争取和平的共同愿望和努力而言,波兰人与犹太人生活在同一片土地,共同经历了战争的苦难,还在苦难中相互扶持,这些共性难道不更加重要吗?

图 2-24 乌姆施拉格普拉茨纪念碑

当华沙迎来华沙起义 50 周年之时,有关建造华沙起义博物馆的话题再次被提起。但遗憾的是,该项目终因法律问题再度被推迟,而这一推则是又一个十年,直到起义发生 60 周年时。曾经的起义者在华沙起义纪念碑等地继续着他们的纪念活动,如有一座小型石碑就是为纪念那些给捷尼亚科登陆提供过援助的国家军士兵[图 2-25]。

图 2-25 国家军纪念碑

战后,许多著名的国家军高级指挥官都被迫流亡在外。至20世纪90年代,他们中的大多数人已经离世,但他们的骨灰终于可以回家了。塔德乌什·科莫罗夫斯基就是起义期间国家军的一名司令官。1994年,他的儿子将其骨灰送回波兰,埋葬在老珀瓦科夫斯基公墓。凡此种种,都体现了一种普遍趋势:只要是为波兰而战的英雄都理应得到尊敬。

有关波兰犹太人的记忆,也继续生长着。1993年,战后成立的波兰犹太历史研究所提议建立一座博物馆,以系统性地纪念波兰犹太人。这也成为华沙犹太区起义50周年的一个标志性事件。1995年,纪念波兰犹太人的博物馆项目选址工作完成。同年,犹太区起义纪念碑附近新建了一块石碑［图2-26］,专门献给代号"热戈塔"(Zegota)的犹太人援助委员会。在纳粹当局通过犹太人最终解决方案后,犹太人援助委员会成立,旨在向犹太区里的人们提供帮助,其组织成员瓦迪斯瓦夫·巴托谢夫斯基和艾琳娜·森德勒后来被以色列犹太大屠杀纪念馆授予"国际义人"称号。

图2-26 "热戈塔"纪念碑

图 2-27 斯塔钦斯基纪念碑

斯特凡·斯塔钦斯基是战前华沙的最后一任市长,曾是战前毕苏斯基军团的一名士兵。华沙在他的治理下展现了别样的光彩,虽然随即就被战争彻底摧毁了。1945 年战争结束后,波兰当局不会纪念像斯塔钦斯基这样的人,或者说,战后的叙事情境容不下这样的人,因为当局认为,斯塔钦斯基代表不了华沙人民。尽管如此,斯塔钦斯基还是逐渐获得人们的尊敬。后来,斯塔钦斯基在珀瓦科夫斯基军事公墓有了一块小小的碑牌,相关纪念物在 70 年代末和 80 年代越来越多,到 1981 年献给斯塔钦斯基市长的第一座纪念碑终于落成。1993 年,纪念斯塔钦斯基的另一座纪念碑建成[图 2-27],对斯塔钦斯基的纪念意味着人们开始重新理解二战前的华沙。

这一时期，有关农民军的记忆也经历了类似变化。农民军是一支与波兰人民党联系紧密，与普通农民和土地运动有关的抵抗力量。与国家军相似，农民军的角色在战后也一度被边缘化。1956年，农民军得到了一定程度的平反。2001年，农民军在老珀瓦科夫斯基公墓也有了自己的纪念碑[图2-28]。

诸如此类的记忆实践再次表明，20世纪80年代末的国际形势巨变并未促成历史记忆的巨变，因为相关记忆的修正和生长在此之前早已发生。当时欧洲各国面临着未来道路选择的紧迫问题，记忆议题也就在一定意义上被搁置了。或者说，历史记忆与叙事在20世纪八九十年代并没有呈现出吸引人眼球的变革，而是内在地持续生长，这种生长依旧充满了力量。

图 2-28
农民军纪念碑

五

历史记忆的未来延展

1997年,波兰加入北大西洋公约组织。2004年5月1日,波兰正式加入欧盟。在此背景下,民族记忆与认同的问题依旧存在。对波兰和波兰人而言,外部环境促使他们去探索"我们想成为什么";但是,他们永远无法回避"我们是谁"的问题。要回答前者,首先需要很好地回答后者。或者说,回答后者能够帮助波兰更好地探索前者。因此,历史记忆的问题再次成为公共话语中的关键性议题。当然,其背后的原因是多方面的。除了国际局势与国内政治变迁所带来的契机,代际问题继续发挥着作用。此时,战争亲历者的年龄都比较大,大都超过了70岁。与此同时,第四代人也开始来到人间,他们不仅没有体验过战争,也难以理解战后的复杂记忆变动。于是,提供一种连贯而简明的国家叙事就变得至关重要了。为此,在1999年,国家纪念中心成立,成为负责官方叙事建构的主要公共机构。计划中的两座博物馆——一座纪念华沙起义,一座纪念犹太区——在早些时候就成立了各自的筹备委员会,和平之树即将结出果实。

2004年，时任华沙市长的莱赫·卡钦斯基正式宣布华沙起义博物馆开幕。卡钦斯基出生于一个参加过华沙起义的家庭，因此，在华沙起义的纪念方面，父母对他产生了很大影响。担任华沙市长后，卡钦斯基立刻公开承诺，华沙起义博物馆一定会在华沙起义60周年之际竣工。2004年，华沙人见证了这座新博物馆的诞生，其所代表的历史时期对华沙乃至整个国家的认同建构都至关重要。后来，一些曾经的华沙起义者、国家军老兵和华沙起义博物馆的工作人员共同捐资建造了一块碑牌，以纪念这位对华沙历史记忆做出突出贡献的华沙市长和波兰总统〔图2-29〕。

图2-29 莱赫·卡钦斯基纪念碑牌

华沙起义博物馆的所在地曾是一处车站，博物馆并没有完全弃用它，而是保留了原有的外观[图2-30]。博物馆的高塔上饰有"战斗波兰锚"的符号，也是二战中抵抗侵略的象征。博物馆内部划分为不同展区，有的展区专门纪念小起义者，展示了那些年轻的起义者是如何参与这场战役的；有的展区呈现了起义从1944年8月1日到10月2日每天所发生的事。除了一些常见的战争文物，如武器、信件、政府文件等外，博物馆还增加了一些特别元素，以帮助参观者更好地理解起义及其影响，包括一处"下水道复制品"，起义者曾借助该系统在城市里穿梭抵抗；"城市遗迹"的展示项目则再现了起义后华沙所遭受的破坏。此外，博物馆还设有两个展区，分别与德国和苏联相关，以回应战争前后波兰所面对的最重要的两组关系。馆外还有一些展品，包括起义期间的交通工具、起义者之墙以及大众涂鸦等。

华沙起义博物馆受到学者和大众的广泛关注。学者借此机会对华沙历史进行了重新解读。诺曼·戴维斯的《44年起义》就是其中的典型代表，这是一部研究华沙起义的著作，书中论及了国际社会对华沙起义的反应，其中一个重要问题是：为什么盟军对全面援助起义者犹豫不决？争论也随之出现：起义是否正当？一些研究认为，起义是不可避免的，同时也是正当的，因为德军计划将华沙变成其强大的战斗堡垒；一些人指出，起义是那些为自由而战的抵抗者非常渴望的；也有人提出，如果没有这些抵抗运动，苏联就会借此大做文章。但也有意见指出，华沙为发动起义付出了巨大代价。尽管对起义中死亡人数的估算各不相同，但一般都达到15万至20万，其中大多数都是平民而非战斗人员。起义还催化了纳粹德国对华沙城市的彻底毁坏。反对者继而指出，整个起义都是徒劳的。历史学家和记者皮奥特·奇乔维奇在2013年出版的《疯狂1944：华沙起义何以助斯大林一臂之力》中也持类似观点。即使华沙起义在20世纪就迎来了专属纪念碑，如今又迎来了华沙起义博物馆，人类能够想见的主要纪念形式都实现了，但这并不是记忆的终点，相关讨论与争论仍在持续，历史记忆仍在延展……

除了新的博物馆，与华沙起义相关的早期记忆场所也获得重生。华沙起义公墓就是其中最典型的例子。早在1945年底，就有遗骸埋葬于此。1946年，墓地的主体部分大致完成。但鉴于当时的政治氛围，墓地一直没能真正完工，大多数人也不知道它的存在。60年代，墓地中开始出现墓碑，上面出现了格伦瓦德符号。70年代，一个名为"至死不屈"的纪念碑揭幕[图2-31]，它在形式上和内容上都与华沙英雄纪念碑类似，也没有明确指向华沙起义，而是用来纪念所有的受害者。21世纪初，纪念碑被翻新，"战斗波兰"符号被添加到战士雕塑的盾牌上，还出现了新的石碑以记述相关历史。2012年，墓地再次进行了翻新。可见，这片墓地的历史变动也反映或见证了人们对华沙沧桑历史，特别是1944年起义的记忆变化。

图 2-30 华沙起义博物馆

图 2-31 "至死不屈"纪念碑（一名手持盾牌的战士身下埋葬了成千上万名英雄）

在耶路撒冷大街和马斯扎科夫斯卡街的拐角处还发生了一个有意思的变化［图 2-32］。早在华沙起义后期，一位名叫简·马勒塔的雕塑家为纪念受害者就在此竖起过一块石碑，碑上写道："哦，上帝，救救我们吧，因为我们濒临死亡！"这块石碑以隐喻的方式描绘了华沙起义受害者殉难时的场景。我们在石碑上看到，由于殉难的场面太过惨烈，以至于被钉在十字架上的耶稣都遮住了自己的双眼，因为他不忍看那一双双祈求的手。50 年代，该石碑被移除了，取而代之的则是前文提到的乔雷克的作品。乔雷克的作品被安置在战前房屋的残垣断壁之上，以纪念那些抗争敌人的英雄。如今，马勒塔的作品被重新放回原位，而且就在乔雷克的作品旁。前者反映的是战争中的殉难者，后者则是与希特勒主义者英勇抗争的波兰英雄。总之,成于不同时期、描绘不同历史、反映不同叙事的两座石碑共存着。历史也应如此,一段历史在不同时期呈现出不同的形象,其中也许并没有对错之分,亦无高下之别,只是不同的人受制于不同的历史局限所看到的不同景象而已。和平意味着允许这些不同形象并存。不同形象都触及了一个本真的面向,不同的面向加起来也许才更接近真实。在和平面前,我们放下差异,看到了更多的共性。

图 2-32　马勒塔石碑与乔雷克石碑

除了华沙起义的记忆,有关犹太人的记忆也在持续。2005 年,犹太人历史博物馆筹备委员会在亚历山大·克瓦希涅夫斯基总统的领导下成立。2007 年,新总统莱赫·卡钦斯基执政期间,博物馆举行了奠基仪式,并终于在 2013 年落成。可惜的是,2010 年,卡钦斯基在斯摩棱斯克的飞机事故中离世,未能亲眼见证这一历史时刻。

图 2-33 华沙犹太区边界标记

华沙犹太区一直都是波兰犹太人命运的典型象征,战争摧毁了该区域,后世的人们还会找到它吗?会的!

有人刻印出了它曾经的边界[图2-33]。当你跨入这一边界,你就跨入了昔日的犹太区,也就跨入了历史。更重要的是,它提醒着后人要珍爱和平。

还有一些纪念方式是为了纪念个人,如纪念那些为犹太人提供过援助之人。2006年,纪念雅努什·科扎克的纪念碑落成[图2-34]。科扎克是一位著名的儿童教育者,当战争席卷华沙时,他毅然决定与孩子们同在,即使在犹太区建立之后。"热戈塔"曾多次提供机会,助其离开犹太区,科扎克都予以拒绝。1942年,他和他的孩子们踏上了前往特雷布林卡集中营的最后旅程。1980年,人们为他竖立了一座纪念碑。后来,科扎克的名字变得家喻户晓。他的作品被重印,并被译成多种语言,其中就包括《小国王:马特一世执政记》。1990年,安杰依·瓦伊达导演了一部同名影片。2006年的新石碑是这种记忆的延续。另一位是艾琳娜·森德勒,她是"热戈塔"中最突出的人物之一。战后,她在波兰和以色列都赢得了赞誉。21世纪以来,她又被更多的人认识,两度被诺贝尔和平奖提名。2008年去世后,关于森德勒的记忆仍在继续。有一条指向波兰犹太人历史博物馆的道路就是以她的名字命名的。简·卡斯基也得到了类似的纪念,他曾是波兰流亡政府的代表以及波兰抵抗力量的成员之一。1940—1942年,他游走于被占领的波兰,收集有关犹太人的信息。其间,卡斯基还设法潜入华沙犹太区,并找到了犹太人的中转营地。1942年离开波兰后,他先是向流亡中的波兰政府,后来向盟国公开了自己的报告。根据这些报告,政府于1942年12月发表了一份题为《德占波兰对犹太人的大屠杀》的文件。起初,该文件没有受到太多关注,因为大多数人并不相信卡斯基的说法。直到20世纪80年代,其贡献开始被学术界引用并出现在大众视野中,特别是出现在1985年克劳德·朗兹曼的电影《浩劫》中。1982年,他被授予"国际义人"称号。21世纪以来,人们最

图 2-34 雅努什·科扎克纪念碑

常见的纪念方式就是"简·卡斯基长椅"。2002年,在卡斯基担任过教职的乔治华盛顿大学出现了第一把长椅。2013年,类似的长椅也出现在了华沙,就在波兰犹太人历史博物馆旁[图2-35]。类似的人物还有很多,有些为后人所熟知,有些却不为人知,还有些可能永远尘封于历史之中,但他们为和平的付出终将结出和平的果实。

图2-35
简·卡斯基长椅

2013年，波兰犹太人历史博物馆[图2-36]终于落成，它是犹太区起义70周年纪念的标志。与其他记忆有所不同的是，该博物馆对犹太历史的记忆进行了系统梳理。这就为公众提供了一个有关犹太人的"全景扫描"，包括它在中世纪的起源、现代早期的复兴、19世纪遭受的迫害、二战期间的生活状态、遭遇的那场大屠杀浩劫、战后局势、1968年三月事件、1989年后的复兴等。"全景扫描"的意义重大：二战浩劫等伤痛只是犹太人历史的一个片段，除此之外，犹太人的生活、信仰、智慧，尤其是对人类的贡献同样应被记住。还记得前文提到的犹太人形象吗？除了受难者和英雄，他们如同任何一个群体与个人，有着多重形象，历史记忆不应只强化片面而忽视整体。无论是德国、波兰，还是波德关系，我们都应对其秉持更加广阔的视野，这才是通往和平的道路。

总之，华沙和平建构中最重要的两个元素——华沙起义与犹太人——在21世纪后不约而同地迎来了记忆的"完成式"：两座博物馆诞生。从笼统的华沙"英雄"纪念，到专门的"华沙起义者"纪念，再到专属的"华沙起义"纪念，如果说1989年的华沙起义纪念碑是为这一历史的首次正名，那么2004年的华沙起义博物馆就是对这段历史的完整呈现。对犹太人的纪念也是如此，从1947年的起义纪念碑到1988年的乌姆施拉格普拉茨纪念碑，再到2013年博物馆对犹太人历史的全景展现。从记忆的一般形式来看，这是"完成式"，但集体记忆与历史叙事是一个过程，这一过程依旧在继续。在2004—2014年十年记忆期的尾声，迎来了起义的70周年。2015年议会选举以来，也呈现出一些记忆的新迹象。

图2-36 波兰犹太人历史博物馆

图 2-37 华沙起义街头艺术

首先是代际转换问题。波兰正在慢慢逼近失去历史见证者的时刻。辛哈·罗滕可能是华沙犹太区起义中最后一名起义者，他于2018年12月去世。随着见证者的逐渐离去，历史记忆就缺少了一个最为重要的载体和参照。未来，我们应当如何纪念战时的历史，无论在形式还是内容上，这依然是一个重要的问题。

随着时间的流逝，许多历史事件逐渐变得"中性"，它们逐渐汇入了历史长河，也汇入了大众文化。如，有关华沙起义的记忆就成了一种流行的大众文化，有时出现在街头艺术中，有时与流行的足球文化联系在一起。图2-37所示的街头艺术中就包含了不同的符号：战斗波兰锚、起义者形象、WOLA'44的文字等，还有标记指向了华沙莱吉亚俱乐部，这是华沙的一个重要的足球俱乐部。

历史叙事与记忆不会再变了？如果我们认同对过去的任何记忆都是当代的产品，那么，这个问题的答案也就一目了然了。如前文提到的"兄弟纪念碑"在2011年被拆除。2016年，波兰议会通过了一项关于在公共场合禁止使用部分标识的法令，再次引发了人们有关记忆的争论。历史记忆的未来延展仍然有很大的不确定性，让我们拥抱这种不确定性。人类尚不能静待和平之树开花结果，和平之树需要人类的持续呵护。

第三章

华沙和解：结出和平之果

上一章对记忆与叙事的描述与讨论并不是为了记忆与叙事本身,而是为了指向和平。华沙的历史为我们埋下了一颗种子,这颗种子包含了人们对战争的恐惧、对敌人的反抗、对历史的悲叹等多重基因,更包含了渴望与珍视和平的强大力量。战后的历史记忆与叙事建构为种子的生长提供了复杂的环境,有和煦阳光,也有寒风暴雨,树木渐渐长大。在上一章中提到,波兰内部的不同主体间围绕记忆与叙事展开了对话与辩论,这一过程虽充满波折,但最终达成了共识。其背后最为关键的因素是:他们身处共同的空间、面对共同的历史、分享共同的观念。如果将他们都视为受害者,那么加害者在哪里?足以想见,在所谓受害者与加害者之间寻求和解的进程更加困难,因为他们之间的共性更难被看见。甚至可以说,波兰内部每一次共识的达成,都是对波兰与敌人之差异性的又一次强化。如此一来,我们还能否对波兰实现更大的和平有所期待?我们在上一章看到了波兰内部和平之树绽放出的花朵,而就波德关系而言,和平之树又能结出怎样的果实?

一

"为和平而战"

今天,谈及波兰或华沙的和平议题时,第一个浮现的就是波兰与德国之间的关系问题。战争结束后,波兰人不得不面对波德关系。这不仅是因为战争中一方对另一方侵略的事实,而且战后的局势让这一关系变得复杂了。基于战后的多个协议,波兰的边界往西迁移,得到了战前德国的部分领土。例如,布雷斯劳和但泽等城市就被重新命名为弗罗茨瓦夫和格但斯克。与此同时,波兰将其部分领土移交给乌克兰、白俄罗斯和立陶宛等国。领土变迁除了为国际政治注入复杂因素,还带动了人口的迁徙,无论这种迁徙出于强制还是自愿。为此,许多波兰人和德国人不得不离开故土,踏上迁徙之路。

让波德关系变得更加复杂的是,波兰需要面对两个不同的德国:一边是德意志联邦共和国,也被称为西德,通过加入北约和欧洲经济共同体成为西方阵营的一部分;另一边是德意志民主共和国,也被称为东德,它和波兰同属东方阵营。这一国际局势无疑对波兰的国家治理起到关键性作用,也影响着波兰应对和平问题的观念与形式。战争期间,问题并不是那么复杂,对波兰来说,敌人就是德国。逐渐地,对德战争不仅被解读为国家间的斗争,更是一场意识形态之间的斗争。战后,正如前文所言,由于两个德国的划分,波兰有时把矛头指向德国法西斯、纳粹或希特勒主义。这种方式部分地缓解了，或者说回避了波兰面临的"两德"难题。但另一重困难是，虽然盟军以及波兰最后获得了战争的胜利，但波兰并没有立刻迎来和平。相反，人们看到了对世界和平的新威胁，那就是美国和整个西方帝国主义。在冷战的国际背景下，对于刚刚结束了战争的波兰而言，采取更为积极甚至激进的策略看起来是一个不错的选择。这就是"为和平而战"的政治基调。波兰必须动员全国上下，积极应对新世界的潜在威胁，新"威胁"甚至就是新"敌人"。因此，所谓"为和平而战"的历史叙事和应对未来的基调也就不可避免地包含了对抗甚至暴力的意味，因为"敌人"不是可以与之对话的对象，唯一的选择就是与之抗争。

1948年8月，在苏联的倡议下，世界知识分子和平大会在波兰的弗罗茨瓦夫举行。会议成立的和平国际联络委员会中就有许多国际著名的科学家、文学家和艺术家，并最终促成了第一届世界保卫和平大会在巴黎召开。大会对推动世界和平发挥了应有的作用，尽管其有着明显的政治对抗色彩。苏联指出，以美国为代表的帝国主义阵营更倾向于战争，从而对世界和平构成潜在的威胁，国际社会应不惜一切代价维护持久的和平。与此同时，波兰当局则利用此次大会强化其"收复失地"的观念，理由是最初的波兰公国——以梅什科一世966年的皈依为代表——边界就位于奥德—尼斯线上。

1950年，第二届世界保卫和平大会在华沙举行[图3-1]，并成立了世界和平理事会。今天，大家耳熟能详的和平象征物——和平鸽，就是由毕加索在那个时期创造出来的，并在当时被确立为世界和平理事会的象征。这一时期的和平运动还有一个重要的推手，就是1950年的《斯德哥尔摩倡议》。这项倡议最初由诺贝尔化学奖获得者、法国共产党党员弗雷德里克·若里奥－居里等人提出，以呼吁全面禁止核武器，并采取相关措施防止核武器的进一步扩散。美国在二战期间对原子弹的使用，尽管一定意义上有利于战局，但其危害却是巨大而持久的；另一方面，当时深陷朝鲜战争的美国也有使用核武器的可能，这些显然是对世界和平的重要威胁。因此，该倡议迅速扩散，尤其在东方阵营国家内部广泛传播，成为和平建构的一项重要内容，尽管也被一些人视为冷战政治中的一个工具。

为更清晰地了解这一时期的和平基调，我们来看一下1951年由波兰文化体育委员会发行的《我们正在为世界和平而战》的小册子。类似的宣传资料在那个时代十分常见，文化体育委员会举行的一些体育赛事也会以和平为主题。小册子里写道：

> 人类似乎应该从上次战争中吸取惨痛的教训，得出正确的结论。世界将永远不会再遭遇新灾难。但是，这个世界上还有一些人，他们不追求和平，他们不惜一切代价要发动新的战争。

二战虽已结束，破坏和平的敌人已被战胜，但和平并未到来，而是迎来了新的敌人。那么，到底谁是和平的敌人呢？小册子写道：

> 很简单。他们是资本家、工厂主、银行家、地主和各种剥削者，他们躺在别人的劳动和努力之上。

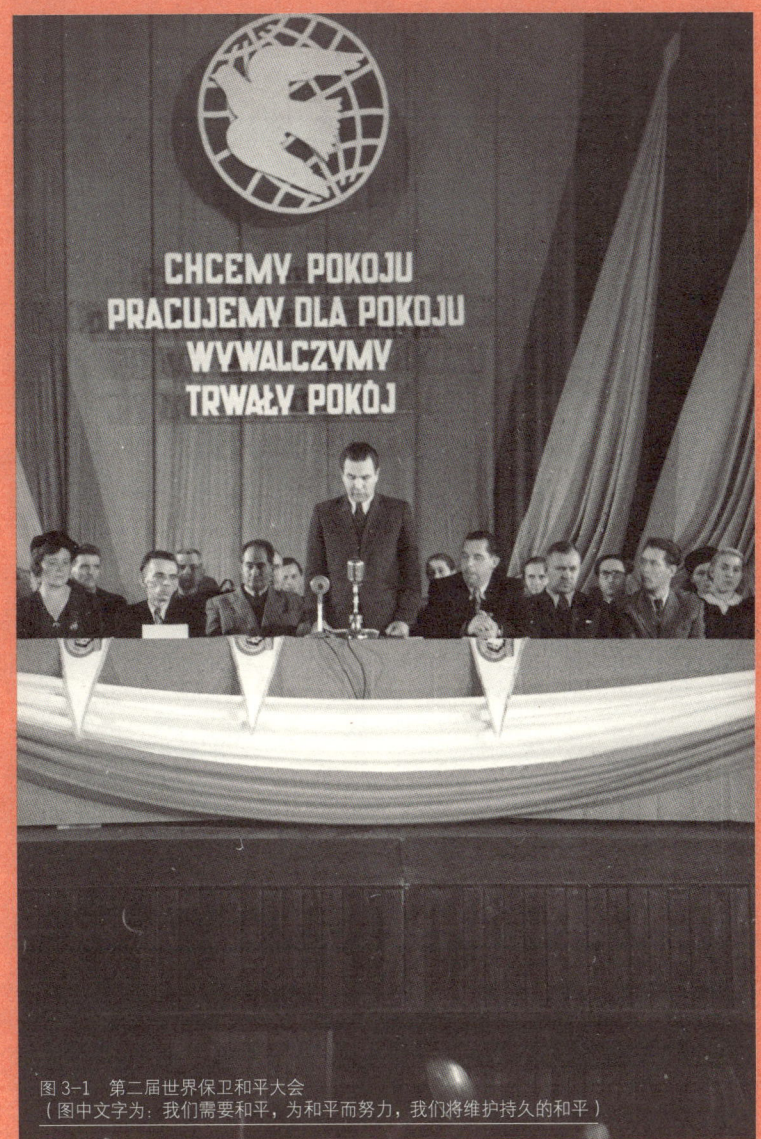

图 3-1 第二届世界保卫和平大会
（图中文字为：我们需要和平，为和平而努力，我们将维护持久的和平）

在当时看来，战争是资本家为了利益而发动的，甚至有人认为"在战争期间，资本家扩大了他们的财富，塞满了他们的口袋，他们用数百万人的鲜血换来了黄金和美元"，他们发动战争的目的不仅是贪图利润，更是因为"对任何东西都怀有无限的仇恨，这是一种狂人般的完全控制世界的欲望"。作为例证，该册子特别指出了北大西洋公约组织、美国制造原子弹和生物弹、美国对朝鲜的干预等，这些事件在册子中还被描述为纳粹一般的行径。"美国罪犯效仿希特勒主义者杀害妇女和儿童，将村庄和城市夷为平地，将忍受饥饿和备受虐待的人驱离家园，他们还用毒气杀人。"从这些语句中，我们感受到了明显的敌对色彩和仇恨情绪。总之，该册子呼吁波兰人团结起来，在广泛的国际战线上为和平而战，同时呼吁世界各地的工人、共产党成员、工人党成员以及社会主义国家的士兵团结起来展开行动。至于苏联，该册子说，"苏联站在争取和平的第一线"，"我们波兰人争取和平，争取社会主义，是以苏联为榜样的，也要依靠苏联的军事和力量"，并引用了斯大林（被称为"和平阵营的领袖"）关于战争危机的语录。小册子最后总结道：

> 我们都是和平的战士，我们在任何时刻、任何地方、日常工作的每个角落都在同战争作斗争。

此处大量引用该册子内容的目的，是展示波兰作为苏联阵营成员所遵从的和平叙事，以便理解那个时期波兰政府对和平的理解，其中许多元素可能一直持续至20世纪80年代末。我们从中足以感受到，对和平的理解也从属于冷战冲突的大背景。正如罗纳德·纳尔逊所言，对苏联来说，无论在理论上还是实践上，"和平"与"社会主义"的概念都是一体的、不可分割的。戈尔巴乔夫在1983年就提出"社会主义就是和平"。如此一来，西方资本主义自然就成了和平的对立面,而非和平的共同建构者。能够想见,战后波兰对历史满怀伤痛,对现实充满恐惧,对未来时刻警觉。这种情况下,对话与谅解几乎是不可想象的。或者说,这样的和平叙事难以成为与"敌人"和解的手段,只能成为团结起来对抗敌人的工具。

除了意识形态之间的冲突,还有德国的分裂。如果说,西德被视为希特勒主义的庇护所和美帝国主义的基地,东德则被认为是寻求与波兰和平相处的国家。在官方层面,波兰人民共和国和德意志民主共和国之间的关系被政府誉为亲密关系的典范。1950年,两国政府在兹戈热莱茨会面,签署了边界和友好条约,其中就规定了波兰和东德在奥德—尼斯线上的边界。这是一份典范式的协议,它代表了波兰与东德的友谊,波兰则通过"收复失地"为新政府赢得了合法性。上述小册子中就写道:"德意志民主共和国政府与大多数德意志民族一道,承认奥德—尼斯边界是不可侵犯的,是和平与友谊的永久边界。"与此同时,波兰和东德都认为它们可能受到西德的潜在威胁,在共同的敌人面前,两者的关系就更紧密了。波兰政府也在这种叙事中找到了权力合法性的部分来源,即波兰统一工人党与苏联一起,共同保障波兰和德国之间新边界的安全性,而苏联将是抵抗潜在的西德报复以及其他美帝国主义行径的主要盟友。就历史叙事来看,从"德国人"到"希特勒主义者"或"法西斯主义者"的叙事转变不仅适用于波兰,在东德也颇受欢迎。"反法西斯"的叙事也成为东德政府合法性的来源之一。作为一个工农国家,东德的工人和农民在与资本家的利益冲突中体现出较为明显的阶级意识,他们反对那些有利于统治阶级的制度:法西斯主义和自由资本主义。这种叙事也让东德更容易应对纳粹历史的难题。

在人们经常谈论的"波德和解"中，与东德相比，西德在和解谈判与整个和平建构的进程中可能有着某种更强的代表性，这不仅源于它更强的政治和经济地位，同时也源于其内部发生的相关讨论。纳粹垮台后，西德面临的情形也相当复杂。战后，西区的三个占领者——美国、法国和英国，开始了他们的"去纳粹化"计划，除了对纳粹的审判，还包括对民众的教育，前者是历史的某种代表或象征，而后者关乎未来。如德国人被要求观看"死亡工厂"等展示纳粹时期的材料，学校也要讲授有关希特勒战争罪行的内容……显然，西德人亟须适应战后的新生活。

战后的西德亟需一位新的领导人来引领国家。借此机会，许多政治派别开始涌现，其中就包括新总理康拉德·阿登纳领导的基督教民主联盟。阿登纳面临一项非常艰巨的任务：如何把这个在军事上和道德上都失败的国家团结起来，因为不同的德国人对历史和未来有着不同的看法。新的国家需要新的认同感。阿登纳等西德的早期领导人为此提出了可能的解决方案，主要包括三个方面：第一，要将所有人团结在一个强有力的领导权威之下。阿登纳似乎是这一职位的理想人选。绰号"老人"的他早在帝国时代就涉足政治，对等级权威有着特殊情感的德国人愿意接受阿登纳作为他们的领袖。第二，民主。尽管经历过明显的等级制度与文化，但战争历史与国际形势要求德国人必须思考如何构建民主。第三，意识形态。一些人认为，从纳粹德国成功过渡到德意志联邦共和国的要素之一就是对苏联及其代表的意识形态进行抵抗。阿登纳努力将这些因素整合起来，并以此对国家进行治理，直至20世纪60年代。

当然，除了各国政治与意识形态的考量，更重要的是：德国人如何面对纳粹这段不堪回首的历史岁月，怎样看待德国的罪责。纳粹虽然在事实上被终结了，但在所有德国人内心引起的波澜却难以迅速消解。在这个方面，两个德国的差别也许并没有那么大，或者说，我们在其中很容易找到二者的共性。其实，战后所有人都面临着双重问题：一方是寻求并适应现实与未来的改变，另一方是回顾并解释历史的过往。前者充满不确定性，后者虽已成事实，但也面临着被重新解读的境况。而历史与未来这两个方面又相互交织：背负历史的罪恶感与伤痛之心，未来的生活就不可能轻松；随着未来生活的展开，人们不得不去触碰那些不堪回首的历史。

战争末期，世界上普遍笼罩着一种笼统的集体罪责观，即德国整个民族及其历史都应当对纳粹的出现以及这场不义之战负责。全世界都在严厉控诉德国的民族性，这不仅停留在观念上，更体现在行动上。战局明朗后，散居在各个国家的德意志人成为别人发泄和报复的对象，更有上千万的德意志人被赶出家园，踏上痛苦的流浪之路，这就是后文将进一步讨论的德国被驱逐者的问题。显然，这种充满对抗色彩和复仇情绪的集体罪责指控不会让德国人展开理性的反思与内心的反省，反而会激发出德国人匆匆的自我辩护。亲历过战争的那一代德国人，总体上非常不愿意谈论过去，其心理防御的主要策略是对往事的直接拒绝或简单辩解。例如，"没有杀害600万犹太人""我们对此一无所知""集中营不是由德国人发明的，而是英国人""希特勒不仅做了坏事，还做了好事，比如修建高速公路""其他人也犯了罪，不只是我们德国人"……有人称自己只是纳粹政策的被动执行者，有人将自己与纳粹明确区分，有人说自己对纳粹根本不了解，有人说自己也是纳粹的受害者,还有人也想抗争只是心有余而力不足……一些德国人似乎急于通过各种方式辩论自己是无罪的。关于纳粹的兴起,有人说,德国历史的发展最终不得不屈服于国际普遍的法西斯主义趋势。因此,纳粹是某种历史性产物,而不是德意志民族所特有的东西,纳粹的兴起因此也就不能归咎于德国人或德国的民族性。这样一来,德国人就能从孕育希特勒的指责中解脱出来。有人甚至说,由于法西斯主义在这种观念中与国家因素相脱节,德国人才是法西斯主义的第一个受害者。最后,纳粹时期的结束也就意味着德国人终于从法西斯中获得了解放,这是自由的开始,而非认罪的开始。

在此背景下,德国思想家卡尔·雅斯贝尔斯的观点引起了人们的关注。一方面,雅斯贝尔斯拒斥对德国和德国人进行笼统指控的传统集体罪责观;但另一方面,他对德国的罪责问题进行了重新解析,鼓励德国人进行深刻反省。雅斯贝尔斯和其他德国人一样,拒绝全世界对德国的民族性进行全盘否定的简化做法,但他拒绝的方式不是开脱罪责,而是深度反思罪责。雅斯贝尔斯通过1946年《罪责问题:关于德国的政治责任》等著作,从哲学的角度为理解德国的罪责问题提供了一个分析框架,以帮助人们重新思考什么样的德国人犯有什么样的罪责这一问题。雅斯贝尔斯区分了刑事罪、政治罪、道德罪、形而上学罪四种类型。刑事罪是侵略者或战争犯的直接犯罪，它也是人们最常提及的罪责，是由法庭依据法律做出的裁决，纽伦堡国际军事法庭就对纳粹行径做出了审判。但刑事罪的审判只针对少数直接领导或参与纳粹行径的人，这种情况下，多数德国人似乎被免除了罪责。但紧接着的政治罪顷刻间把所有德国人都囊括其中。他们的罪责就在于，拥有政治权利的所有公民最终将纳粹推上了政治舞台，即使他们中的一些人不支持甚至反抗过这种政权，但就其结果而言，他们其实都支持了整个纳粹系统。其承担政治罪罪责的表现就是战胜国提出的经济赔偿、军事裁减、政治限制等形式。但总的来说，这两种罪责的指控主要源于外部力量，而后两种罪责则源于人的自我反省。道德罪意味着德国人必须通过自我的道德审查与良知考察来认识自己的罪恶，它与政治罪有一定的关联，即主要反省个人之于整个纳粹体系的关系——或服从，或支持，或暧昧，或冷漠，或反抗，但这不是外部法庭或其他国家对德国人的控告，而是自己对自己的控告。形而上学罪的罪责则意味着，即使某人认识到了问题甚至参与了反抗，但只要别人死了而自己还活着，这同样是一种罪，而且它确定无疑地把所有德国人甚至整个人类都纳入其中。总的来说，在雅斯贝尔斯看来，传统的集体罪责观是对集体、民族等概念的误读，它否认或忽视了民族内部个体的多样性，其最危险的形式就是为某个民族整体贴上简化的标签。对此，德意志联邦共和国首任总统特奥多尔·豪斯曾指出，所谓德国社会的"集体罪恶感"是一种原始的过度简化，它在本质上与纳粹的意识形态与政策是一致的，因为纳粹就曾为整个犹太民族打下烙印。战后，无论是德国人还是其他人，如果也简单地对整个德国民族进行否定，这与纳粹又有什么不同？这些思考和讨论无疑为德国的未来发展以及波德和解奠定了重要的哲学与道德基础。

最后，还有一种方式或声音，有人将其视为德国人辩解历史的一种策略，有人将其视为德国人寻求复仇的计谋，有人认为这是人类总结二战经验不可回避的最后难题，也有人认为相关要素构成了未来和解的重要基石。那就是被驱逐的德意志民族问题。中东欧地区历来都是多民族混居，其中就包括德意志民族，他们散居在波兰、捷克斯洛伐克、奥地利、南斯拉夫、罗马尼亚等地。纳粹德国崛起后，还曾将散落的德意志人移居到波兰等地，以壮大自己的帝国。在这一过程中，许多波兰人就被杀害或驱逐。但到二战末期，随着战争局势的明朗，上述境况颠倒了过来，其他国家开始杀害或驱逐德意志人。哥穆尔卡执政期间，就曾下令"赶走德国人"，通过语言禁止和文化限制等多种方式擦除德国的印记；南斯拉夫将德意志人斥为"人民公敌"，数十万德意志人遭到关押、折磨或杀害……许多德意志人（当然还有其他难民）踏上了流亡之路。被驱逐出波兰的德意志人就超过百万，许多人就死在逃亡之路上。这是赤裸裸的复仇，人们把对纳粹的仇恨不假思索地转嫁到所有德意志人身上。官方政策尤其如此，一些战胜国以建立永久和平为由，奉行民族单一的治国方略，这不禁让人想起了希特勒的净化民族观念。

战后，被驱逐者用自己的方式讲述他们的历史创伤和未来期盼。1950年8月5日，德国被驱逐者联盟与东德联合互助社共同签署了"德国被驱逐者宪章"。该宪章的一些内容是以调和的语气写成的，考虑到当时的时代背景，它值得我们特别关注：

我们，被驱逐者，放弃所有复仇和报复的想法。我们的决议是庄严而神圣的，因为它源自人类有关苦难的记忆，特别是在过去的十年里。我们将不惜一切代价支持通向统一欧洲的每一股力量，以便人民能够不再生活在恐惧和奴役之下……世界各国应该意识到，他们对这个苦难时代中受害最深的被驱逐者命运负有共同责任……德国被驱逐者的命运，就像所有难民的命运一样，是一个世界性的问题……我们呼吁善良的国度和人民共同建构一条从内疚、苦难、贫穷通向美好未来的康庄大道。

正如乌齐斯基指出的，该宪章远称不上完美无缺，其关于人类苦难的措辞含糊不清，但是，放弃复仇显然是一种需要道德勇气的行为。而这一行为及其包含的宽容和勇气对和平建构是弥足珍贵且至关重要的，"我们放弃复仇"的表述也因此为许多人所传唱，正如15年后波德主教信件中的那句"我们给予宽恕，并请求同样的宽恕"一样。如果我们不谈论其背后的复杂政治，仅就和平建构的积极意义而言，两者表现出了某种相似甚至是前后相继的关系。德国被驱逐者的苦难无疑是人类苦难的一部分；德国被驱逐者的命运，就像"所有难民的命运一样"。跨越民族国家，尤其是跨越敌我双方，去找寻人类共性是极为艰难的，对这种共性的彼此认同则更难能可贵，但它是走向和解的必要基础，我们很快会看到人类共性所绽放出的和平之花。除此，德国被驱逐者的问题还有一重较少被提及的功能。今天，许多人可能都会表达甚至认同"德国人也是受害者"，但这个表述过于笼统和抽象，它可能被解释为，德国平民也曾惨遭战争炮火的袭击，或者，德国人被迫服从纳粹体系。

但是，德国被驱逐者的问题让这一笼统表述以另一种形式变得更加具体化，也更具启示意义。人们习惯用"加害者—受害者"的简单框架去描述一场战争的影响，就像人们习惯用"战胜国—战败国"框架来描述一场战争一样。但在被驱逐者的议题上，作为加害者的德国却成了受害者，而一般意义上的受害者却成了加害者。造成这一颠倒的正是人的复仇情结和对抗意识，它用活生生的现实告诉我们，武力战胜并不意味着战争的结束，只有放下仇恨与报复，才可能真正走出暴力泥潭而走向永久和平。我们无须揣度上述宪章选择"放弃复仇"的所谓真实动机和目的是什么，仅就和平的人类共同目标而言，这是特别值得称赞的表述。

最后，让我们回到本章的标题——"为和平而战"，如果我们将这一表述粗略地限制在战后（甚至战争末期）到20世纪50年代末的这段日子，该短语显然有着多重内涵。首先，它是波兰等国塑造的和平话语，这些国家将西方视为和平的潜在威胁，并做好了时刻与之抗争的准备；另一边的西方国家同样如此，它们同样在追求和平的语境之下与东方国家展开抗争。特别是其中的"战"字凸显了那个时代和平建构的核心。一方面，"战"字反映了人们愿意为了实现永久和平而付出一切努力的决心；但另一方面，"战"字意味着势不两立的两大军事阵营为许多国家提供了行动的总体框架，包括以"和平"为名的行动。如此一来，波兰与西德之间充斥着火药味，波兰将西德视为希特勒主义的庇护所和西方国家进攻的前沿阵地；西德不仅在意识形态上明确反对波兰,还希望从波兰收回失地。这种形势下,两国之间不可能有太多接触,和平和解也就不可能获得重大进展。因此,我们在"为和平而战"的短语上添加了双引号,一方面,它是对特定话语的直接引用;另一方面,也是对这一充满对抗色彩的和平话语的批评。毕竟,当"战"与"和平"同时出现在一个短语中,本身就是一种矛盾。尽管如此,我们还是将相关内容放进"和平之果"的部分。因为,它所反映出的各方在世界大战后对和平的期望是真切的,各方毕竟是在"和平"的口号下对话并展开行动的。更是因为,正是这种对立促使人们对和平与战争的议题进行深度反思。所以,我们很高兴在对立的和平建构场景中看到了雅斯贝尔斯等人的思索,他们并不是简单地将罪责推给整个德意志民族,也从不拒谈德国人的罪责,这两个方面都极为重要,对和平的求索就是要在极端化的思想中找寻平衡。我们也看到了德国被驱逐者及其宪章,尽管时至今日,人们对该宪章及相关问题都持有不同观点,但我们更愿意看到其对人类和平的积极意义。

二

"宽恕并请求宽恕"

尽管有一些和平迹象，但在当时的国际局势下，推进波德和解困难重重。波德间的政治氛围也逐渐发生变化。随着战争年代的结束、国家发展的需要和东方阵营领导层的更迭，波兰和苏联都希望能在一定程度上改善其与西方国家间旧有的敌对关系。当然，这距离和解还有很长的路，但局部的改善似乎有了可能。或者说，一切伟大和解的实现都首先始于双方关系的松动。

在华沙的记忆变迁中，20世纪50年代后期以来，政府在建构历史叙事方面变得更加谨慎，官方和民间都开始对战争记忆进行重新整理和解读。在西德，情况有些类似。随着极端主义反对者的边缘化，虽然阿登纳也难以采取更深层次的变革来修订国家历史及其记忆，但微调一直在进行着。1959年，总理就曾表示愿意在二战20周年之际推进与波兰的和解，虽然最终未能成功。双方政府之间的直接对话在当时显得还为时过早，但可喜的是，宗教以其独特的优势开始迈出和解的第一步，也许是因为，人们在宗教之中更容易找到跨越民族国家的共性。

基督教是波兰最大的宗教。966年，波兰大公梅什科一世接受洗礼，将波兰带入了基督教国家的大家庭。几个世纪以来，基督教，尤其是天主教，对波兰文化产生了极其深远的影响。在19世纪民族运动到来之时，天主教曾被视为波兰身份的关键构成部分，同时也是因为另外两个大国归顺了其他教派：俄国人信奉东正教，德国人信奉新教。在斯大林时期，波兰政府对天主教会曾怀有敌意。1956年后，哥穆尔卡和其他波兰共产党人对天主教采取更加宽容的态度。1957年，波兰议会中的一些议员成立了非正式的"神迹"团体，其代表人物，如斯坦尼斯拉夫·斯托马和斯蒂凡·基谢莱夫斯基，都希望他们能做些什么来进一步改善波兰天主教的境遇。斯托马于1957年访问了西德，他是当时第一批访问西德的波兰人，被后世视为波德和解的重要推动者之一。一年后的德国新教会议期间，德国成立了"行动和解"组织，这是德国第一个将和解作为官方目标的基督教倡议组织。1960年，德国主教朱利叶·多普夫纳发表了著名的演讲，承认德国的战争责任，承认波德新边界，并呼吁波德和解。1961年，8名有影响力的德国新教知识分子通过著名的《图宾根备忘录》发展了相关论点，备忘录所涉议题广泛，其中备受争议的就是支持奥德—尼斯边界的表述，尽管当时的德国政府和许多德国人对此都无法接受。伴随这些迹象，和解的微光渐渐从梵蒂冈升起。

1962—1965年，第二次梵蒂冈大公会议召开，这是罗马天主教在现代召开的第一次大公会议，其目的是革新基督教以使其更好地适应现代社会。这次会议为波德和解提供了良好契机。1964年，德国天主教组织了前往奥斯维辛集中营的宗教之旅，这是1939年以来德国天主教团体第一次有组织地访问波兰。1965年，"行动和解"又组织了前往奥斯维辛和迈丹尼克的朝圣之旅。同年，德国福音派教会还发表了题为《德国被驱逐者的境况以及德国人与东部友邻的关系》的公开信。而在波兰，1965也是一个非常重要的年份，因为一年后就是波兰受洗一千年的纪念日，政府、教会和波兰人都在为这一盛大的节日做准备。波兰主教们希望借此机会促进宗教改革，以强化天主教信仰。借着会议契机，他们向各个国家的主教们发出了共计56封邀请信，诚邀他们来参加波兰的千禧年庆典［图3-2］。德国主教也在被邀请的名单之列，而1965年11月18日由波列斯瓦夫·科米内克和卡罗尔·沃伊蒂拉等波兰主教写给德国主教的这封信［图3-3］，不仅在56封信中特别夺目，也在向往和平的整个人类历史上熠熠生辉。

波兰主教在信中回顾了波德的冲突历史，尤其是二战的黑暗时刻，他们展露了波兰的伤痛与仇恨。但更重要的是，波兰主教不希望由此引发新一轮的敌对，他们选择放下指责："亲爱的德国弟兄们，不要因为我们列举了千年历史上的一些事情而心生怨恨。这不是指责，而是为我们自己的行为辩护。"波兰主教更以同理心书写出了德国人历史上的诸种伤痛，因为伤痛无论是谁的，一定是共通的。基于此，"如果双方都有善意——我们无须怀疑这一点——无论如何，认真的对话一定会来，并将结出积极的果实"。

书信最后这样写道:"本着基督教同时也是人道的精神,我们愿向坐在会议长椅上的你们伸出双手。我们给予宽恕并请求宽恕。只有当你们,德国主教和神父们,以兄弟之情握住我们向你们伸出的双手,我们才能以基督教与和平的形式庆祝我们的千禧年。"

这段文字里出现了那句声名远扬的"我们给予宽恕并请求宽恕"。前文的"这不是指责"放弃了对昔日敌人的指责,但不指责很有可能诱发一个结果,那就是从仇人变成陌路人,陌生人之间没有了指责与仇恨,却也没有了任何的情感联结。但"给予宽恕"又将双方拉在了一起,它意味着,我们不仅自己要放下仇恨与指责,还要走到对方面前真诚地说上一句"我们原谅你们"。而更加震撼世人的是后面那句"请求宽恕"。因为"给予宽恕"的表述中仍然包含了道德上的高下之别,这一姿态意味着,错误仍然在对方,只是我用原谅的方式将其封印在历史中,而且在我主动表达原谅的姿态中,我又一次战胜了对方,这是心理与道德上的胜利。但是,"请求宽恕"完全将上述关系颠倒了过来,它意味着,我主动承认我的错误,并近乎卑微地去寻求对方的谅解。与放下指责和给予宽恕相比,请求宽恕需要更大的勇气与智慧。

图 3-2 波兰千禧年庆典（左侧为卡罗尔·沃伊蒂拉大主教，中间是波列斯瓦夫·科米内克大主教，右侧是安东尼·巴拉尼亚克大主教）

图 3-3 波兰主教邀请德国主教参加千禧年庆典的信件（1966 年）

整封信以寻求和平开始,并以追求和平结束,主旨就是传递和平讯息。信中也提及历史的创伤,因为战争与创伤确实发生了,逃避无益于问题的解决,双方唯有直面问题。因此,波兰主教们清晰地呈现了自己的创伤与感受,更具启示意义的是,此信为创伤赋予了新的意义或功能。第一,创伤的最终目标是要指向痊愈的。如果波兰一方只是一味地向别人揭开伤疤展露伤口,伤口将永远无法愈合。第二,创伤不是为了积压旧的仇恨并激发新的仇恨,否则心怀仇恨的人将永远深陷仇恨之中而无法自拔。仇恨是向外的,而对和平的追求需要把更多的能量向内传递,以达到自我反省。无论是德国哲学家雅斯贝尔斯的主张还是此处波兰主教们的观点,都致力于自我解剖。第三,与创伤相伴的仇恨意味着我们纠缠在过往的泥潭之中,但和平却要指向未来。波兰主教说,尽管波兰人心中有恨,但波兰人更愿意把力量投入未来的建设当中。第四,创伤为人们提供了共同的情绪基础。波兰主教不只谈论自己的创伤,也提出了德国人的伤痛,共情让对方感受到了体恤与温情,二者更是因为共通的痛而走得更近。第五,创伤不是为了激发对抗,对抗只会在未来引发更多的伤痛。为了避免仇恨与对抗,波兰主教甚至讲出了那句"我们给予宽恕并请求宽恕"。

无论是放弃指责,还是给予宽恕,抑或请求宽恕,这些表达显然超越了那个时代的局限,它刺痛了刚刚经历暗夜的波兰人的神经,当时的波兰政府对此非常愤怒,指责这些主教没能代表国家的利益,甚至将写信者斥为"叛国者",其中就包括后来升任教皇的保禄二世。许多波兰天主教徒对该信也表达了愤怒。另一边,德国同行们对此事的反应也没有想象中那么强烈。不过,反过来看,波兰主教们也一定能预估到该信可能引发的种种回响,但他们依然坚持这样做了,这就更显现出了其伟大的智慧与难得的勇气。

当波德和解在日后结出硕果的那一刻,人们回看历史时会说,这份文献是波德和解进程中的里程碑。

三

"超越语言的姿态"

尽管20世纪五六十年代的波德关系在总体上仍然充满了对立色彩,但50年代后期以来发生了许多微小变化,它们是波德和解的一小步,也将促成波德和平的一大步。

波德和解的努力显然不止于宗教方面的努力。例如,波兰统一工人党的拉科夫斯基在政府方面发挥了一定推动作用。他曾提出,虽然波兰是东方阵营的一员,但为了未来的发展,波兰也应向德国和整个西方开放。斯托马在后来谈及这一时期的波德关系时说到,1956年以前,波兰几乎没有可能推进波德关系,作为东方阵营的成员,波兰也几乎没有什么自由的空间;而1956年以后,波兰就需要利用新形势,对波德关系进行修正。尽管对德访问被置于严密监督之下,但当斯托马筹划赴德旅行时,华沙当局批准了他的签证,从这个意义上说,政府,至少是政府里的一部分力量,在暗暗地支持这些破冰行动。

西德内部也发生着变化。正如卡齐米日·乌齐斯基所言:"德国的良知开始觉醒。初期昏沉后的这一次苏醒可能由多方面因素促成。"

首先，有关战争的回忆录和文学作品，包括安妮·弗兰克的日记和冈瑟·格拉斯的《铁皮鼓》，为战争历史提供了一些新材料和新问题。

其次，新的历史研究促使人们重新思考纳粹问题，如卡尔·迪特里希·布拉赫尔的著作《魏玛共和国的垮台》。20世纪60年代初著名的"费歇尔争论"，标志着德国史学界开始重新反思德国的历史。此前，德国史学家的主要任务或研究传统是为了弘扬德国的发展与统一。一战后，德国史学家认为，德国对这场战争并不负有主要责任，至少不是负有比其他国家更大的责任，德国并不是蓄意发动战争，而是由于复杂的国内国际局势而"滑入"了战争。而费歇尔通过1961年《争雄世界：德国在第一次世界大战中的战争目标和政策》等著作否定了上述的传统观念，提出德国发动战争是蓄谋已久的，德国理应对战争负主要责任。德意志帝国的一些先天不足导致其逐步迈上一条战争之路，直至纳粹上台。因此，纳粹的兴起并非偶然，包含着历史必然性。费歇尔的观点尽管在德国引发了争议，但也促进了德国的深度反省。

再次，许多新事件也发挥了催化剂的作用。1961年，驱逐犹太人"最终方案"的主要负责人阿道夫·艾希曼在以色列被判死刑，尽管属于法庭审判，却引发了许多德国人的内心审判，人们意识到，罪恶感不可能随着对个别人的审判而消失。

最后，代际更迭同样重要。此时，亲历战争的那一代人已到中年或老年，他们往往对过去保持沉默，或者寻找消除负罪感的策略；但他们的孩子却不同，是所谓的"怀疑的一代"，其中的很多人是在青少年时期经历的战争，战争经历对心智尚未成熟的青少年来说往往有着非同寻常的影响，战争使他们对公共生活产生了普遍的不信任感。与其父辈相比，他们对过去的事情或许也能感到罪恶，但往往又很难讲清这些罪恶感的来源，这种矛盾而复杂的情感对人内心的煎熬是可想而知的；而第三代子女，则是在战后出生的，他们中的许多人开始公开反抗纳粹的历史。

就波兰国内政治而言，上述倾向与德国的社会民主党之间有许多关联，也为社会民主党赢得了许多选票。1969年，德国社会民主党在西德选举中获胜。西德总理维利·勃兰特开始着力推行所谓"新东方政策"，努力改善德国与波兰、苏联以及东德等东方阵营国家之间的关系，试图在和解与和平建设方面取得进展。

1970年初，勃兰特派遣国务秘书前往苏联就双方互不使用武力问题进行预备性谈判，7月派遣外交部长谢尔赴莫斯科进行条约相关内容的最后谈判。8月11日，勃兰特抵达苏联莫斯科，在那里和勃列日涅夫在互不侵犯条约上签字。条约中多次出现了"和平"一词，包括双方致力于维护国际和平，发展同所有欧洲国家的和平关系，以和平而非武力的手段解决两国纷争。对波兰而言，其中最重要的条款是，双方均认可波德间的奥德—尼斯边界。其实，在此期间，西德与波兰的谈判也在同时进行，双方同意举行相关会谈，此后的多次谈判，尤其是苏德条约中对奥德—尼斯线的承认，最终促成了协议的落地。1970年12月6日下午，勃兰特抵达华沙。

第二天,勃兰特被安排前往两处纪念场合敬献花圈。一处是无名烈士墓,这是波兰传统的官方纪念场,修建于20世纪20年代,以祭奠那些为国家流血牺牲的波兰人,外国重要的代表团一般都会在此表达敬意。勃兰特在留言簿上题词:"悼念第二次世界大战的死难者与暴力行径的牺牲者,希望建立持久的和平。"另一处纪念地是华沙犹太区英雄纪念碑,落成于1947年,主要纪念1944年华沙犹太人隔离区里爆发的起义。在纪念碑前敬献花圈后,勃兰特突然双膝跪地……此举史称"华沙之跪"[图3-4]。

图3-4 华沙之跪

在现场看到这一幕或随后得知这一消息的人都被深深触动了。德国作家冈瑟·格拉斯后来回忆道："我记得那一刻，有些慌乱，我感到，刚刚发生了一件意想不到的事情。"拉科夫斯基指出："的确，这已成为一件伟大的、历史性的事件。我感到我的眼泪即将夺眶而出。和德国代表团成员一起从纪念碑返回时，我竟说不出一句话来。勃兰特赢得了尊重和钦佩。"在场的波兰总理西伦凯维兹的夫人也感动得落泪，和丈夫一样，她也曾是战时德国集中营的一名俘虏，更是一名幸存者。勃兰特回忆说，波兰人在当时更多的是惊讶，他们需要一点时间去消化。第二天，波兰总理西伦凯维兹在车上挽住了勃兰特的胳膊，表达了波兰人的感动。勃兰特的"华沙之跪"为两国的和解提供了更大的基石。

在"华沙之跪"当日，波德双方签署了互不侵犯条约，即著名的《华沙条约》。当晚，勃兰特发表电视讲话，希望《华沙条约》能够在波德之间架起一座桥梁。有媒体评论指出，勃兰特不仅尝试接受现实，更努力构筑起一种新的现实。接受既有现实与创建新的现实乃是一枚硬币的两面，二者可谓相辅相成。战后敌对、冰冷的关系源于许多人不愿接受和直面现实：许多德国人不愿接受纳粹德国的历史，通过回避、拒斥或辩护等方法仓促应对这段历史；许多波兰人也不愿接受波兰的那段历史，希望通过敌对、仇恨或复仇等方法掩盖历史的伤痛。这样下去，双方只会陷入更深的对抗与仇恨，从而激发新一轮的暴力。不接受现实，就难以创建新的现实，未来就只会是现实的延续。以波兰主教的书信和德国总理的姿态为代表的努力，就是基于对现实的接受而创造另一种新的现实。

然而，和解从来不会一蹴而就。正如波兰主教的书信在当时受到的争议那样，"华沙之跪"迎来的也并非都是好评。尽管已到1970年，但有关战争的反思在德国内部仍然相当复杂，没有取得多少共识。反对党指责勃兰特的行为破坏了国家形象，甚至斥之为卖国行径，并提出罢免勃兰特总理之职的提案。另一边，波兰媒体对勃兰特的这一姿态几乎保持沉默。显然，波兰当局无法接受或不愿意接受这样一位声名显赫的德国人在波兰作秀般的简单一跪，厚重的历史怎能被轻轻一跪了之。还有政府官员尖刻地批评勃兰特跪在了"错误的纪念碑前"，因为他跪在了纪念犹太人而不是波兰受害者的纪念碑前。

至此，让我们再来理解"华沙之跪"这一姿态。在后来的回忆录中，勃兰特写道："站在德国历史的悬崖边上，面对数百万的亡灵，我所做的只是言语无法奏效时应该做的。"显然，在那一刻，任何语言都失去了力量。下跪的象征性姿态不仅弥补了语言的失效，更超越了语言，此时无声胜有声。无论是勃兰特在无名烈士墓前的题词、《华沙条约》的内容、当晚的电视讲话、随行记者的报道、勃兰特的访谈、时代杂志的评语、诺贝尔和平奖的颁奖词、勃兰特在颁奖礼上的讲话、勃兰特在奥斯陆大学的演讲、勃兰特的回忆录、相关亲历者的评述等等，还是后世对"华沙之跪"的传唱，甚至此刻正在写作的本书，所有这些都以语言作为载体，要么是精确的文字，要么是丰富的声音。而"华沙之跪"只有一个动作、一个无言的动作、一个特殊的姿态。下跪的画面直接刺激了人的神经而引发相应的情感，从而，它自身就完成了一次完整的叙事，而无须经由大脑加工成语言。正如德国驻波兰现任大使阿恩特·弗赖塔格·冯洛林霍芬所言："德国人有一个谚语，'一个姿态超过千言万语'，勃兰特的华沙之跪是德国认罪的象征，也是波德和解的象征。"

语言在行动面前显得十分苍白，或者说行动比语言更为有力，因为人们听惯了政治家的口号，看惯了政治家的说辞，甚至习惯了政治家在语言与行动上的不一致。所以，当有人批判勃兰特的行为属于政治作秀时，是不难理解的，尤其考虑到当时的局势。勃兰特回忆说，那个清晨，他觉得，在犹太人纪念碑前，他必须做点不一样的事。至于无声的姿态，除了敬献花圈，他还可以选择默哀、肃穆、流泪甚至鞠躬，但勃兰特选择了最震撼人心的下跪，他放下的不只是一位总理的身段，而是一个国家的姿态。

那么，"华沙之跪"传递出怎样的信号？不是一个民族屈尊的信号，不是两个民族对抗的讯号，而是和解与和平的信号。尽管"华沙之跪"远远不是波德和解完成的标志，也不是那个时代的典型，因为那个时代的波德之间仍有许多仇恨与对抗。尽管东西方之间签署了许多协议，但落地的政策和实际的交往仍非常有限。但正是在这个意义上，"华沙之跪"只能是一个信号，却是一个无比重要的信号。西德总理勃兰特通过这个信号告诉了整个世界，德国人将认真反思自己，德国想要和平，世界需要和平。这个善意的信号赋予了波德和解一种道德力量，而非仅仅关乎边界争端、经济交往、国民生活的现实情境，它足以消除，至少已开始消除波德在开展更深层交往前的互相猜忌，或者说，为双方的未来和解提供了一个友善的基础。"华沙之跪"清晰地呈现了放下姿态的德国，跪下的勃兰特不仅低于高耸的纪念碑，也低于在场的所有人。这无疑是波德和解的再次突破。

30年后的2000年，波兰人为勃兰特的"华沙之跪"竖起了一座纪念牌，就在距离华沙犹太人隔离区不远处［图3-5］。

图 3-5 华沙之跪纪念碑

四

"拥抱彼此—拥抱和平"

以 1965 年波兰主教的书信和 1970 年勃兰特的"华沙之跪"为代表的诸多人物和事件,成为整个波德和平建构进程中的里程碑,尤其当今天的人们回看这个国家间和解的样板时。但是,无论是在波兰还是在德国,这些事件还远远不是和解进程或和平建构的完成式。更准确地说,这些里程碑事件为未来的和平开了个好头。尽管 1970 年的"华沙之跪"在波兰被公共舆论逐渐遗忘了,在德国也未成为主流观念,但波兰和西德两国政府继续保持着外交联系,西德同意向波兰支付战争赔款,以及在教育、科研等领域开展更广泛的资助与合作。

有关和平与战争的讨论在两国继续进行着。1982 年西德新总理赫尔穆特·科尔领导的基督教民主联盟与米夏埃尔·施蒂默尔等 80 年代的著名历史学家一道,再次提出了这样的问题:德国人的身份到底是什么?虽然战争过去了三四十年,但这个问题依旧困扰着德国人。在波兰,斯坦尼斯拉夫·斯托马于 1980 年出版的《敌意的宿命? 1871—1933 波德关系的反思》是历史反思的代表作,主题聚焦在 1939 年以前的波德关系上。今天一提起波德冲突或波德和解,很多人自然地以为它只是个现代问题,以为它只关乎二战这段历史。实际上,正如斯托马的分析,波德冲突的根源可以追溯到 17 世纪普鲁士国家的建立甚至更早的时期。但他同时指出,尽管往事历历在目，波德之间的"敌意"并不是命定的，他呼吁人们继续推进波兰与德国的和解。斯托马的做法在某种意义上代表了那个时代大的趋势，未来和平的推进需要人类不断地重审历史。

在推进和平方面，宗教也继续发挥着它的功能。1978年，58岁的卡罗尔·约泽夫·沃伊蒂瓦当选为罗马天主教第264任教皇，即若望·保禄二世。他生于波兰，年轻时曾是运动员、演员、剧作家等，他与犹太社群紧密互动，经历过纳粹的苦难时期，这些经历和标签让他在历任教皇中显得十分独特。担任教皇后，保禄二世频繁造访多个国家，以努力修补天主教与其他宗教以及不同国家之间的关系，成为历史上出行次数最多的教皇。1979年6月2日，保禄二世回到波兰访问，许多人对这次访问给出了很高的历史评价。不过，波兰当局对教皇的此次访问可能带来的社会动荡十分担心。更重要的是，1979年是克拉科夫主教圣斯坦尼斯殉道900周年，圣斯坦尼斯就曾与当时的国王进行过抗争。当局显然不愿看到保禄二世的造访给这一宗教纪念活动火上浇油。保禄二世在华沙的胜利广场（现称"毕苏斯基广场"）发表了著名的布道演讲。他说，回到波兰的朝圣之旅所反映的就是波兰教会的历史道路，而这"不仅是我们波兰的道路，更是欧洲和世界的道路"。他用宗教语言谈到了如何理解波兰和人类，谈到了波兰历史上的伤痛，尤其是1944年的抗争以及犹太人问题。"波兰首都华沙在1944年与侵略者展开了殊死一搏。在这场战斗中，华沙被盟友抛弃了，华沙倒在了废墟之中。"但更重要的是，波兰不应永久活在战争的伤痛之中，因为在华沙的废墟之中还躺着"一尊耶稣救世主的雕像"。保禄二世用这种方式告诉民众，要对未来满怀希望。从华沙到格涅兹诺，从琴斯托霍瓦最后到克拉科夫，1000多万人亲眼见证了保禄二世的波兰之旅，还有许多人通过电视和广播听到了他的布道。有人评价这是一场心灵震撼之旅，他让波兰人对未来充满了期待。保禄二世在此次布道中不断强调：没有基督，就无法理解波兰。这与主教信件中强调波兰国家与宗教不可分割的观念是完全一致的。更重要的是，这种信仰不仅能帮助波兰人走出历史伤痛，更能帮助波兰与其他国家达成和解。1979年6月7日，保禄二世来到奥斯维辛集中营——这个他此前经常来的苦难之地，他引用了前任保禄六世的话："只要记住，千百万人的鲜血、前所未有的苦难、无谓的屠杀和恐怖的毁灭，是对人类团结起来以改变世界之誓约的制裁：不再战争，没有战争。那是和平，指引各族人民和全人类命运的和平。"

在这样的背景下，政府也要对正在萌生的变化做出反应。1986年1月16日至19日在华沙举行的"知识分子保卫世界未来和平大会"[图3-6]就是代表。回看历史，此时进入冷战的最后阶段。苏联仍深陷1979年以来的阿富汗战争，1985年新任命的领导人戈尔巴乔夫面临着来自国际国内的多重挑战。波兰依旧承受着1981年雅鲁泽尔斯基宣布戒严以来的政治困局和盖莱克治下的经济萎靡和社会不安。联合国也于1981年宣布，将9月份联合国大会开幕之日正式定为"国际和平日"，以供各国各族人民在自己内部以及彼此之间纪念并加强和平的理念。1982年，联合国又进一步将1986年定为"国际和平年"。联合国决议文件中写道："联合国宪章在序言部分指出，各国人民决心拯救子孙后代以免受战祸，为此我们需要包容，需要与友邻和平共处，并团结各种力量以维护国际和平与安全……考虑到促进和平是联合国的基本目标。我们需要认识到，和平在当前仍然是一个奋斗的目标，而非已有的成就……"联合国成立之时的目标之一就是为世界带来和平，波兰也是《联合国宣言》的签署国之一，不过，与强大的冷战局势相比，这一行动似乎黯淡了许多。波兰政府亟须主办一次有关和平的会议，以打破僵局。

图 3-6 知识分子保卫世界未来和平大会

在知识分子保卫世界未来和平大会的"材料和文件"一栏中，主办方介绍了此次大会的背景:20世纪70年代末80年代初，国际形势日渐恶化，促使和平活动焕发了生机。在意识到核冲突威胁日益加剧的同时，人们也认识到自然环境被破坏、自然资源被过度开采，以及不公正的国际经济体系所带来的危害……正是在这样的背景下，波兰知识分子在1983年决定召开一次国际知识分子会议，专门讨论备受关注的和平问题。这个想法很快得到了支持，知识分子保卫世界未来和平大会的委员会随即应运而生。

我们看到，旧主题(如核战争)与新议题(如生态灾难)一起出现，它意味着人类对和平的理解已经从单一的战争扩展到更为广泛的层面。知识分子保卫世界未来和平大会由教育家、哲学家和文化历史学家博格丹·苏霍多尔斯基教授领衔。他提醒与会者，未来不应是当代的延续，否则那样的未来将导致一场灾难，应当为了一个新未来、一个不同的未来而奋斗。显然，这不只简单地意味着未来不再发生昔日的战争，更意味着人类必须做出改变，而不是简单地延续过去的生活和交往方式。他提到了扩展后的暴力范畴——"军备、对环境和健康的破坏、社会和经济冲突以及侵略"，尤其谈到，即使不是专门讨论军事问题，这样的会议也应在波兰召开。对于一个备受战乱折磨的国家，认识到这一点并不容易，因为它很可能冲淡人们一直耿耿于怀的战争主题。但是，此时人们开始逐渐意识到，和平不是谋求没有战争，"和平"与"战争"并非同一个层次的概念，"战争"只是人类实现某些目标的工具或手段，而"和平"就是人类追求的目标，这一目标显然包括人与自然的和谐、人与人的和谐等更为广阔的内容。波兰人对此有着深刻的体验。人们需要改变观念，改变对战争、对敌人、对仇恨、对自然、对人类以及对和平的观念。这就是波兰之于世界的意义，也是这套《国际和平城市丛书》之于世界的意义。

"波兰也呈现出人类社会造福全体人民的伟大愿景。我们过去和现在都向世界敞开大门，向未来敞开大门……我们组织这次大会，首先是出于对我们良知的服从，而这需要更多的人来见证。我们有责任说出这个世界是什么样子，威胁我们的是什么，以及如何拯救世界。"因此，苏霍多尔斯基特别提出了和平教育问题，上一代人有责任、有义务去改变自己的观念，尽管随着年龄的增长越来越难，但唯有此才可能更好地教育下一代，历史才不会重蹈覆辙。

波兰政府的参会代表是议长罗曼·马里诺夫斯基，他不仅谈到了历史问题，也谈到了许多当代议题，认为当今的重要问题不是去证明一种社会制度优于另一种，而是要拯救人类免于核灾难，认清这一点将为和平发展打下坚实的基础。

时至今日，这一点更显重要。人们总想在许多方面证明自己比别人更强，就像某个国家总想在许多方面证明自己比别国更强，这种对竞争的过度关注会蒙蔽人类的双眼，也成为和平的重大障碍。

时任联合国秘书长的德奎利亚尔强调了联合国促进和平的使命，提到了国际和平年的庆祝活动，并对美国和苏联在日内瓦举行会谈表示欢迎。谈到华沙时，他认为：华沙曾经受了战争毁灭性的打击。在过去的40年里，华沙一直享有和平，回望恐怖的历史，和平显得弥足珍贵，人们一定会将此铭记于心。对于那些仍然受战火摧残的地区而言，华沙的复兴之美提醒着我们，人类为了和平可以做什么。

这一积极评价固然让人们对未来有所期待，不过，华沙的和平之路仍然很长。1986年的和平会议较以往尽管有诸多进步，但仍然表现出一定的政治化色彩。这一点从与会者名单中就可以看出一二。不仅反对党领袖莱赫·瓦文萨缺席，奥地利总理布鲁诺·克赖斯基、德国总理施密特、和平活动家皮埃尔·若里奥以及来自挪威和瑞典等地的许多知识分子，也因为这场大会的政治属性而拒绝参加。

20世纪80年代末的国际巨变让此次和平大会在当代波兰几乎被完全遗忘了，但它是波兰和平进程中不可忽视的组成部分，无论是它的进步性还是局限性。幸运的是，随着冷战的结束，"为和平而战"的持久性叙事也即将落下帷幕。渐渐地，和平不再作为政治议程的一部分而被推动，它自身已成长为一个重要的独立议题，成为一种更具普遍性的价值。

伴随联合国发起的和平庆祝活动，国际和平使者城市协会成立，华沙于1987年作为和平使者城市加入其中。1988年，在冷战的最后日子里，该协会在凡尔登举行了第一次会议。而1989年的会议就在华沙举行。1989年，华沙还有另一个活动：和平钟项目。和平钟最初是日本人赠给联合国的礼物，后来演变为一项影响广泛的活动。1989年，华沙终于有了自己的和平钟。它曾在2002年被盗，于2015年又被重新建造起来[图3-7]。这些事件相对于波德和解的那些重大活动而言可能是微小的，但它表明，作为一种普遍的和平观念在华沙得到了推广，它自身也继续传递着和平的理念。

图 3-7 华沙和平钟

1989年是转型之年。德国总理科尔计划访问波兰。原定于6月的出访由于波兰的选举活动而被推迟到11月。这一推迟意味着，科尔要面对的访问对象变成了新任总理塔德乌什·马佐维耶茨基。马佐维耶茨基与斯托马、谢莱夫斯基一样，都是天主教知识分子的代表，在两国的和平建构中都发挥了巨大作用。就在11月9日科尔抵达华沙的第一天，东德政府宣布允许公民申请访问西德及西柏林，纵使在这样的形势下，科尔仍然坚持访问波兰，足见波德和解的重要性。但两德局势如此重要，以至于瓦文萨在同科尔的会谈中只关心德国而非波兰的事情。人们也在纷纷议论，科尔是否会中断访问赶回德国。会面双方都在担心，这样的举动会让别人觉得波兰的事情变得不重要了。科尔也公开表示，他的处境极为艰难，一方面，他不想伤害波兰人的感情，但另一方面，他"在错误的时间待在错误的地点"。科尔的这一处境很好地说明了波德和解的意义，科尔此行就是要推动波德关系进行更加实质性而非象征性的变革，而且前期的准备已经取得了一些成果，尤其是波方同意在共同声明中承认在波兰的德国人身份以及他们的文化认同，相比以前德国人被波兰国家边缘化的现实，这是一个不小的突破，无论对于波德和解还是两德统一，都是如此。

11月10日上午，一个折中的方案出现：科尔于当天下午返回德国，次日再次返回波兰。利用回国前的短暂时间，科尔去了无名烈士墓和华沙英雄纪念碑，还有犹太区英雄纪念碑，就是1970年勃兰特下跪之处。11月11日下午，在经历了柏林墙的紧张时刻后，科尔又出现在了华沙。仅从这一点来看，波德和解的重要性不言而喻。

11月12日,科尔与马佐维耶茨基总理一起参加了"和解弥撒"活动。"和解弥撒"的地点选择了克什舍瓦,这一选择有着深刻的寓意。此地曾是19世纪德国将军赫尔穆特·毛奇的私人庄园,老毛奇曾在普奥、普法等战争中立下赫赫战功,为德意志统一做出了巨大贡献。一百年后,在纳粹执政期间,老毛奇的曾侄孙小毛奇创立了著名的"克莱绍集团",向纳粹统治发起抵抗。该集团的名称即源于成员们经常会面于此的庄园。战后,此地又划归波兰。对德国而言,某种意义上,这里因为老毛奇的勇猛象征着昔日的帝国辉煌,却又因为小毛奇的反抗而代表了纳粹的黑暗历史,更因为领土归属的转移表达着战后的新秩序;对波兰而言,这里反映了战时对纳粹的反抗,又因收复失地而代表了某种胜利或补偿。差异之外,波德两国在克什舍瓦找到了连接彼此的共同点:反抗纳粹。德国要做的是对自身历史中一个特殊阶段的反省,波兰要做的是对两国长久冲突的反思,从这里,彼此可以走向新的未来。

弥撒由阿尔方斯·诺索尔大主教主持,同时使用波兰语和德语进行。弥撒中,大主教呼吁公众认识彼此和解与相互宽恕的重要性。随着弥撒的进行,主持人说:"请互致和解的象征。"科尔和马佐维耶茨基互相靠近,他们没有握手,而是拥抱了对方。这本是基督教弥撒中的一个传统组成部分,但总理拥抱的照片成为波德和解的又一标志性图景。

波兰政府对此次事件给予了很高的评价，两位总理在克什舍瓦的和解姿态被视为双方试图修复历史之意愿的表达。诺索尔评价道，此次会谈与仪式为两国建立友谊提供了新的开始，并指出，人类和解中最关键的元素应当是爱，尤其是包含宽恕的爱。因为爱遵从的不是胜负逻辑，爱本身就是目标。马佐维耶茨基总理在回忆这一事件时也表达了类似的思想。他指出，当时选择克什舍瓦并非巧合。这里是波兰的伤心之地，但也有德国的受害者，他们面临着纳粹这个共同的敌人，在人类共同的敌人面前，大家就可以携手同行。或者说，撇开战争的输赢，全人类都是战争状态的受害者。至少，类似的地理位置及其承载的历史显示，德国人和波兰人之间的关系并不总是敌对的。另外，我们还须记得，和解弥撒不只是两国政府领导人之间的拥抱，它同时是一场具有宗教神圣性的弥撒，它再次显示出了宗教与国家牵手后的非凡力量。对此，马佐维耶茨基特别提醒道，这种安排不是为了某些政治目的而利用宗教权威的阴谋。相反，如果不是弥撒以及关于和平的宗教教诲，这样的政治行为就缺少了深刻的道德内涵。

1965年的主教信件通过文字遥远地传递出和平讯息，波兰主教给予宽恕并请求宽恕；1970年的"华沙之跪"通过无声的姿态释放出和平信号，德国国家请求宽恕；1989年的和解弥撒在宗教场合通过两国政府的拥抱谱写出和平篇章，波德对彼此的拥抱既是对昔日冲突历史的和解，对昔日和平努力的致敬，更是对未来和平追求的拥抱。因此，我们将这一章命名为"拥抱彼此—拥抱和平"，它恰如其分地展现了波德和解在那个时代结出的硕果。

五

"夏日凉亭—夏日和平"

和解也发生在民间层面,20世纪八九十年代在波兰还兴起了许多致力于促进民族和解并传播和平信息的社会组织。如,受和解弥撒活动影响,一个名为"克什舍瓦基金会"的组织得以建立,并在国际对话方面有着一定的影响力。基金会的网站上写道:"克什舍瓦,这里聚集着各式各样的人,而且他们以开放的心态看待对话。我们将继承克莱绍团体、中欧民主反对派以及波德和解的遗产,克什舍瓦基金会将积极参与国家、社团和个人的和平活动。"波德和解基金会也于1991年成立,它主要聚焦于第三帝国和纳粹时期的受害者、德波和解、不同社会之间以及世代之间的对话等议题。或许可以说,克什舍瓦会谈标志着两国关系进入了一个新阶段,波德和解自此逐渐成为一个值得效仿的典范。

就在科尔访问波兰的四年后,迎来了华沙起义50周年纪念活动。波兰总统瓦文萨邀请外国代表前来参加,其中就包括德国总统。起义周年纪念活动此前从未有过德国高级官员参加,更重要的是,战争虽已过去50年,但起义者的精神创伤依然存在。尽管如此,赫尔佐克总统还是出现在了看台上,在简短的演讲中,他说道,"今天,我向华沙起义的战士以及所有波兰战争的受害者鞠躬"。在纪念碑前敬献完覆有德国三色旗的花圈后,他继续说道:"我为德国人对你们所做的一切而请求宽恕。"这番话在波兰受到了很大的欢迎。有人指出,这是德国最高代表对1965年波兰主教书信做出的真实而期待已久的回应,也是勃兰特24年前华沙之跪的延续。但与上次不同的是,这一次,德国总统是在华沙起义纪念碑前向波兰人道歉的。

1995年,波兰外交部长瓦迪斯瓦夫·巴托谢夫斯基访问柏林,参加欧洲二战结束50周年的纪念活动。波兰安排巴托谢夫斯基出访也是一个有力的象征。巴托谢夫斯基于1939年参加了华沙保卫战;1940年被德国当局抓获后送往奥斯维辛集中营,直到1941年初……;后来加入国家军。在德国占领期,他还参与了"热戈塔"援助华沙犹太区的行动。最后,他也参与了华沙起义,被指挥官安东尼·赫鲁泽尔取名"Monter"。后来,他又在斯大林时期被监禁,获释后访问了以色列、奥地利和西德等国。1963年,他曾受邀到访以色列犹太大屠杀纪念馆,并于1966年被授予"国际义人"称号。在奥地利和德国,他与同样对和解感兴趣的政治家与知识分子进行交流,并与战后的波兰移民保持着联络(包括伦敦流亡政府的一些成员)。因此,在20世纪七八十年代,他经常被邀请就二战和犹太人种族灭绝等议题发表演讲。由此可见,巴托谢夫斯基的人生经历一定程度上就是波兰二战及战后历史的缩影,更是波兰追求和平的缩影。

巴托谢夫斯基在联邦议院发表的讲话,与此前的和平追求者类似,并没有回避战争的苦难。他指出,1944年的华沙起义所面对的不仅仅是一场武装对抗,而是敌人有意识的野蛮行径。纳粹军不仅杀害了波兰首都的人民,还有计划地毁灭了整座城市。但再一次,同理心展现了其力量,巴托谢夫斯基对那些同样因为战争而失去家园的无辜德国人的个体命运表达了悲痛之情,他还特别引述了已故波兰杰出思想家扬·约瑟夫·利普斯基的经典话语:"我们参与了那场战争,它摧毁了数千万人的家园,其中有人一定是希特勒的支持者,但也有人只是被动的屈从,还有一些人只是因为不敢与那台恐怖主义的机器做斗争……他们对我们所犯下的罪行,即使是最大的邪恶,也不是——亦不能成为——我们犯罪的正当理由。将人民赶出家园的罪恶也许不那么大,但绝不会是一件善事……"这些话再次清晰地展现了和解的那些重要基础:接纳对方的无奈、理解对方的伤痛、反省自己的错误。

与战乱的历史相比,追求和平的历史对当代可能更具影响力。演讲的重点随即发生了转向,巴托谢夫斯基赞扬了德国人为和解所做的努力,包括20世纪60年代主教的言行、1970的"华沙之跪"、1989年的和解弥撒,以及1994年德国总统赫尔佐克在华沙向波兰人民发表的大胆而真诚的讲话,还包括1989年两国政府在华沙签署的联合声明、1990年在华沙签署的边界条约、1991年在波恩签署的睦邻友好合作条约,等等。巴托谢夫斯基明确表示,波德历史中虽有一段痛苦的故事,但双方必须尽快弥合那段由于不信任、蔑视、敌意和战争而失去的时间。虽然波德关系必然伴随着记忆和对历史的反思,但是,它们不应成为主要动机,它们应为当前和未来铺平道路。他甚至赞扬道,今天"在我们波兰看来,也在世界各国看来,标志着德国人和波兰人悲剧历史的终结,一个新的美好时代宣告开启"。

后来，有关波德和解的故事越来越多。1999 年，德国议会决定在柏林建造大屠杀纪念馆，该纪念馆于 2004 年完工，于 2005 年 5 月 10 日揭幕。2000 年，德国新任总理格哈特·施罗德访问波兰，续写前几任领导的和解篇章。同年，纪念"华沙之跪"的石碑在华沙落成。沿着前辈的和平之路，德国政界人士纷纷现身于华沙犹太区起义或华沙起义的相关纪念活动中，以及奥斯维辛、克什舍瓦等具有代表性的国家记忆之场。2014 年，华沙起义 70 周年之际，柏林还举办了一场大型展览，以帮助德国人了解波兰友邻的历史。

尽管我们怀着善意和积极看待每一次和解，但和平进程没有终点，波德和解也远未完成。如，2000 年，一个名为埃里卡·斯坦巴赫的人再次引发了一场争议。斯坦巴赫是德国国防军士兵的女儿，祖籍就是战前属于德国战后属于波兰的下西里西亚地区。作为基督教民主联盟的成员和议会议员，她曾投票反对 1990 年的波德边界条约。1994 年，她当选为德国被驱逐者联盟的主席。2000 年，斯坦巴赫提出了一个新项目：反驱逐中心，主要是为了纪念昔日被驱逐的德国人。尽管德国被驱逐者的形象在主教信件等和解事件中频频出现并扮演了特殊角色，但是新项目的提出再次触动了许多人的神经。批评者还是会担心，加害者和受害者之间的界限因此而再度模糊化。在更普遍的意义上，有人担心，该中心可能成为道德相对主义的工具。2003 年，华沙市长莱赫·卡钦斯基批评斯坦巴赫的做法是在恶化波德关系。斯坦巴赫本人则于 2014 年辞去了联盟主席一职，该项目也一直悬而未决。此外，2015 年以来，北溪二号天然气管线项目让波德关系变得紧张，除了能源等方面的考虑，波兰人可能还会联想到二战期间的黑暗阴谋。同时，波兰也多次要求德国再次支付二战赔款，而德国则予以拒绝。在柏林修建波兰受害者纪念碑的项目也曾引发争议，尽管在本书成稿之时，我们再次看到了希望。种种迹象表明，和平之路道阻且长。

仅就本书所涉及的议题而言，波兰与华沙的未来和平建构至少面临以下挑战。

首先，随着时间的推移，代际更迭的影响将更加明显。2014年华沙起义70周年后，许多"90后"都进入成年期。70多年前发生的那些故事显得越来越遥远，与此同时，战争的最后一批见证者逐渐离世。祖辈的过往对波兰的年轻人将会有怎样的影响？当战争时代的祖辈在某种程度上仅仅成为年轻一代耳中的传说人物或悲情人物时，和解又意味着什么？未来和平推进的动力又在哪里？

其次，犹太人在波兰的和平建构中又将扮演何种角色？限于篇幅，本书仅触及了犹太人在华沙的幻灭、有关犹太人的记忆及其在波德对话中的部分作用。但相关的议题非常复杂，包括许多充满争议的话题：战争期间波兰人和犹太人之间是什么关系？战后的时光如何塑造了波兰人、德国人和犹太人三者之间的关系？提及最近的事件，人们也许会想到2016年，有关纪念大屠杀等问题在波兰国内外再次引发了巨大的争议；2018年，有关1968年3月事件50周年纪念引发的争论。这些问题仍在展开……

最后，波德和解的华沙经验对世界的意义究竟何在？一方面，作为故事的倾听者，人们是要听一段有冲突也有和解的曲折故事，还是要从故事中得到其他的启示或收获？另一方面，作为故事的讲述者，无论是波兰的政府、社会组织、知识分子、普通人还是像本书这样的尝试，如何把波兰的和平故事讲给别人听？就像在很长一段时间里，如何把战争故事讲给后人听也是一个巨大的问题一样。关于和平建构这段历史，我们也必然面临着所谓历史真相与历史记忆之间的矛盾困境。或者反过来说，华沙的故事能否在更广泛的全球视角下被重新解读？

行文至此,我突然想起沃拉区一处不起眼的凉亭[图3-8]。无论是波兰人,还是犹太人;无论是俄国人,还是德国人;无论是华沙的居民,还是远方的游客……都可以在此驻足,点上一杯小酒,与三五好友闲聊,欣赏一出戏曲,聆听一场讲座,或者,只是静坐于此,品味午后的阳光。

然而,这不只是一处简单的休憩之所。围墙的另一边,就是历史厚重的华沙起义博物馆,两者之间以一座朴实无华的天桥相连。天桥那端,面对那面刻有逝者姓名的纪念墙,华沙以及整个国家的殉难悲情与抗争勇气都已历历在目,这是历史的一面。天桥这端,凉亭的造型带我们回到了波兰人另一个曾一度流行的传统,租一处房舍以熬过炎炎夏日,即使在被占领期间依旧如此。一端是历史,一端是当下,历史与现实就是如此这般交织在一起。而更重要的是,生活于此的人们还憧憬着未来。连凉亭的名字本身也一语双关:"Pokój na Lato",可以译为"夏日凉亭",也可以译为"夏日和平"。无论每天经历了什么,人们都可在此休息片刻,获得内心的平和;无论经历过什么,人们都可在此驻足静思,追寻世界的和平。正如和平爱好者打造这座凉亭一样,让我们一起去缔造和平。

走出凉亭,不经意间看到墙面绿植中隐约显现的和平鸽图形[图3-9],它似乎在说:我们铭记历史,我们也珍视未来的和平。我们尊重过去,但同时,我们也要继续前行。

图 3-8 夏日凉亭/夏日和平

图 3-9 夏日凉亭/夏日和平的和平鸽图形

主要参考文献

1. 刘成：《和平学》，南京：南京出版社，2006年。

2. 刘成、[德]埃贡·施皮格尔：《全球化世界的和平建设》，北京：人民出版社，2015年。

3. 刘祖熙：《波兰通史》，北京：商务印书馆，2006年。

4. 亓成章选编：《人民波兰资料选辑（1944—1984）》，北京：中共中央党校科研办公室，1986年。

5. 易丽君：《波兰战后文学史》，北京：外语教学与研究出版社，2002年。

6. 张振辉：《波兰文学史》，上海：上海外语教育出版社，2017年。

7. 朱成山、赵德兴：《和平学概论》，南京：南京出版社，2012年。

8. [英]安德鲁·瑞格比：《暴力之后的正义与和解》，刘成译，南京：译林出版社，2003年。

9. [波]达里乌什·考钦斯基：《波兰戏剧史》，仲仁译，北京：中国戏剧出版社，2016年。

10. [英]哈莉克·科汉斯基：《不折之鹰：二战中的波兰和波兰人》，何娟、陈燕伟译，北京：中国青年出版社，2015年。

11. [德]卡尔·马克思：《关于波兰问题的历史》，中共中央马克思恩格斯列宁斯大林著作编译局译，北京：人民出版社，1979年。

12. [波]斯坦尼斯瓦夫·阿尔诺耳德、马里安·瑞霍夫斯基：《波兰简史：从建国至现代》，史波译，北京：商务印书馆，1974年。

13. [英]亚当·扎莫伊斯基：《波兰史》，郭大成译，北京：中国友谊出版公司，2019年。

14. [波]耶日·卢克瓦斯基、[波]赫伯特·扎瓦德斯基：《波兰史》，常程译，北京：东方出版中心，2011年。

15. [波]耶日·马利诺夫斯基主编：《波兰美术通史》，茅银辉译，上海：上海三联书店，2017年。

16. [挪]约翰·加尔通：《和平之道：和平与冲突、发展与文明》，陈祖洲等译，南京：南京出版社，2016年。

17. Davies, Norman, God's Playground: A History of Poland, New York: Columbia University Press, 2005.

18. Davies, Norman, Rising'44: The Battle for Warsaw, London: Macmillan, 2003.

19. Głogowski, Mirosław, Leszek Kamiński, Collective Work, Congress of Intellectuals for A Peaceful Future of the World, Warsaw: Interpress, 1988.

20. Jaspers, Karl, Die Schuldfrage: von der politischen Haftung Deutschlands, Berlin: Piper Verlag GmbH, 1974.

21. Kazimierz, Wóycicki, Niemiecka Pamięć, Rozrachunek z przeszłością NRD i przemiany niemieckiej świadomości historycznej, Warszawa, 2011.

22. Kazimierz, Wóycicki, Niemiecki rachunek sumienia: Niemcy wobec przeszłości 1933-1945, Wrocław: ATUT-Wrocławskie Wydaw, 2004.

23. Stomma, Stanisław, Czy Fatalizm wrogości? Refleksje o stosunkach polskoniemieckich 1871-1933, Wrocław, 2005.

24. Wojciech, Kucharski, Listy Milenijne, Wrocław: Ośrodek "Pamięć i Przyszłość", 2020.

后 记

与英国、德国、日本等经常出现在历史书或媒体上的国家相比,大众对波兰的了解可能相对较少。谈到波兰,人们会立刻想到1939年德国闪击波兰,因为它标志着二战的全面爆发;而要问到波兰与和平之间的关系,可能很多人会想起1970年西德总理著名的"华沙之跪"。正是这两幅人们再熟悉不过的图景,构成了本书故事的两端。波兰华沙的和平建构主要面对的历史之一就是二战,尽管战前的波兰也曾屡屡遭遇战争创伤,早已为现代波兰的和平之路铺就了忧郁底色;而另一端,波兰与德国走向和解的一个重要标志则通常被定位于"华沙之跪",尽管在此之前和之后都发生了许多值得关注的和平努力。

和平关乎历史,但不只是历史。本书也不只是一本普通的历史书,包含三大主题:历史、记忆与和平。本书既关注历史与记忆为今日的和平带来了什么,更关心和平视野为重新理解过往带去了什么。这样一来,历史与记忆也就并非独立的主题,而是和平追求下的子课题。和平建构的过程,就好似树木从一粒种子到最终开花结果的生长与培育过程。历史就像这棵树的种子,无论是历史中的战乱及其伤痛,还是历史中的成就及其温情,它们都不可或缺地构成了种子基因。我们所要做的,就是带着和平的善意重回波兰与华沙的历史,从复杂的历史细节中探寻到那些可以点亮和平之光的元素,继而才可能理解:是什么让华沙结出了和平而非邪恶之果?地理位置让波兰成为兵家必争之地,因此导致战火连绵,但也应看到波兰在一段时期内的和平与安宁,这是一个不喜战争的民族;教科书告诉我们,波兰第一共和国的贵族们所实行的民主制有其阶级与历史的局限性,但他们身上也体现了对和平与稳定的追求;触摸历史,我们感受到了纳粹统治下的悲惨与恐怖,但同样感受到了波兰人在此情境下努力让生活如常的勇气与智慧……正是这些闪光点构成了历史发展的和平基因。

纵使历史为未来埋下了和平之种,但是,并非所有的种子都会自发地孕育出和平之果。如果历史中的非和平因素被激活和放大,历史的种子就只会结出邪恶之果。为此,我们需要在历史之上勤恳地培土、浇灌、施肥、修剪,用心将记忆之树培育成和平之树。在纷繁复杂的华沙记忆中,我们仅仅选取了华沙起义和犹太人等十分有限的维度,以呈现这一充满波折的过程。有时,几代人的努力才会孕育出一片新的枝叶;有时,刚刚伸展出的枝丫会被一刀剪断;有时,某处树杈的生长又要被扭转到另一个方向……从中,我们看到了政治对记忆的巨大影响,但同样看到了追求和平的伟大力量。为此,本书做了许多尝试。如在所有以政治和军事为主轴的研究中,20世纪80年代末的国际剧变无疑是一个新的起点,但它并非华沙记忆的新起点,因为相关变化早已在华沙发生,因此,本书并未将80年代末作为一个新篇章列出,而是将其融入记忆的总体变动趋势之中。我们深知这种安排可能引发的批评,但和平建构与和平研究应当有这种魄力,它要求我们突破传统框架的束缚。

华沙结出了怎样的和平之果？此时，我们仍然选择投以善意的目光。尽管战后初期的"为和平而战"叙事因其强烈的对抗色彩而难以推动真正的和解，但它仍具有积极意义。1965年波兰主教的信是波德和解的重大突破吗？尽管今天仍有许多人质疑其历史贡献，文中的许多评述也可能面临过度解读的批评，但我们还是选择相信。1970年的"华沙之跪"是波德和解的里程碑吗？尽管有人质疑勃兰特是在作秀，批评此举在当时并不能代表德国的主流，但这一超越语言的姿态无疑成为所有民族和解的象征。1989年夹杂在柏林墙倒塌中的和解弥撒还会被想起吗？尽管它在两德统一的历史性时刻前显得微乎其微，但波德两国总理拥抱的照片既是对过往和平之路的总结，又预示着未来和平之路的延展。因为，波德和解还在路上，人类和平道阻且长。但我们还是选择相信，并且坚信相信的力量！

最后，特别感谢波兰的卡齐米日·乌齐斯基（Kazimierz Wóycicki）教授担当本书的学术顾问。衷心感谢南京大学刘成教授的邀约与指导。感谢埃贡·施皮格尔（Egon Spiegel）教授和艾莉·哈罗维尔（Ellie Hallowell）博士的帮助，感谢张康之教授、孔繁斌教授的支持。感谢南京师范大学出版社诸位老师的鼎力相助。

愿世界和平！

《国际和平城市丛书》主编访问华沙(从左至右为:华沙大学卡齐米日·乌齐斯基、波兰历史博物馆馆长罗伯特·科斯特罗、南京大学联合国教科文组织和平学教席主持人刘成教授、费希塔大学埃贡·施皮格尔教授)

本书图片来源信息详见